KB021934

원초적
관성의 노예

- 행적 마음론 -

'마음은 어디서 왔는가?'

원초적 관성의 노예

- 행적 마음론 -

석 산 지음

마음은 어떻게 형성되고, 왜 그렇게 발현되는가?

　세상을 살면서 가장 어려운 질문이면서 가장 기본적인 말이고 또 어처구니없는 화두는 '나는 누구인가?'와 '내 마음 나도 모른다.'일 수 있다.

　내가 누구인지 모르고 나의 본질인 마음을 모른다면, 왜? 살아있는지 그리고 왜? 살아가고 있는지가 허무해질 수 있을 것이다.

　내가 나를 모른다면 남에게 물어보는 것이 가장 쉬운 해결 방법일 수 있을 것으로 본다. 그것은 주관적 판단보다 객관적 판단을 받아보기 위한 절차이기 때문이다.

　남들이 나를 보려 하면 그것은 마음일까 아니면 나의 외적 형상일까? 어느 것을 남들은 나로 평가할까?

　내 마음은 나도 모르는데 남들이 안다는 것은 불가능할 것이고, 나의 외적 형상은 그냥 사람일 뿐이어서 특별함이 없을 것이다. 그러나 나의 내적 마음과 외적 형상은 지속적으로 변하고 있고, 그 변해가는 형태가 나일 것으로 본다. 즉 나의 행동이 곧 나이고 나로 정의되고, 그것이 나의 마음일 수 있다는 것이다.

그렇다면 나의 행동은 '어디서 왔는가?'가 문제일 수 있다. 사람의 행동은 태어나서 부모를 보고 배웠을 것으로 본다. 세상에 대해 아무것도 모르는데 어떤 행동을 할 수 있을까? 그리고 잘못된 행동이라고 판단되면 부모들이 못하게 했을 것이기 때문이다.

그렇다면 결국 나의 행동이 나일 수 있고, 그것이 나의 마음일 수 있다는 것이다.

그러나 행동은 너무도 많아 그것을 다 알고 판단하는 것은 무리일 수 있어, 일상적으로 많이 하는 나의 행동, 즉 습관적 행동이 나를 볼 수 있는 근거가 될 수 있을 것이다.

바람직한 행동이라고 생각해서 따라 했다면, 그것은 내가 선택한 것으로 나를 알 수 있는 것인데, 영·유아기부터 따라 했다면 그것은 왜 하는지 모르고 했고, 그것이 나로 정의될 수 있어 나는 누구인지 모를 수 있을 것이다.

그렇다면 습관적 행동으로 내가 왜 하는지 알 수 없는 행동은, 오랜 세월 수많은 세대에 걸쳐 내려온 세습 행동일 수 있을 것이고, 조상 대대로 해온 관성적 행동이라고 봐야 할 것이다.

그리고 그 행동이 나로 보이고, 나로 정의되고, 나일 수 있을 것이다.

결국, 시원의 시대부터 이어져 온 행동관성이 나를 통제하는 것으로 볼 수 있고, 그것은 원초적 관성이 나를 부리고 있다는 것일 수 있을 것이다.

이 글을 쓰는 데 물심양면으로 도와준 '세아' 님과 작은아이에게 고마움을 전합니다. 그리고 『마음의 진화(2018년 생각나눔)』와 『나를 통해 세상을 보다(2020년 생각나눔)』에서 상당 부분 인용과 참조가 있었음도 알려드립니다.

2021년 9월

석 산

세습은 인지되지 않고
배경화된다.

제3장 관성의 발현

제4장 관성의 영향

관성의
이해

1

행동관성

1) 움직이는 물체

:: 세상에는 헤아릴 수 없을 만큼의 움직이는 물체가 있다. 그 대표적인 것으로 자동차나 기차도 있을 것이고, 선박이나 항공기 같은 것이 있을 수 있다. 그리고 정밀하면서 빠른 속도로 움직일 수 있는 미사일이나 드론 또는 로봇 같은 것도 대표적인 움직이는 물체일 것이다.

이러한 것은 자유의사에 의해 스스로 의사 결정권을 가지고 움직이는 것이라기보다는 외부의 조정이나 통제도 받을 수 있지만, 가장 중요한 운동에너지를 외부에서 공급받아야 움직일 수 있는 조건적 한계를 가지고 있다.

그러나 물체의 크기는 좀 작을 수 있으나 스스로 움직이면서 운동 에너지를 스스로 공급하는 독립체로서의 움직이는 물체는, 움직일 동 (動), 만물 물(物)이라는 한자로 표현되는 생명체로서의 동물(動物)이 가장 많고 또한 가장 기본적인 움직이는 물체로 볼 수 있을 것이다.

이러한 많은 동물들도 자유의사와 의사결정권을 가지고 있으면서도 생존의 편익을 위해 또는 외부압력에 의해 생길 수 있는 강요를 받아들여 원하지 않는 행동을 할 수도 있을 것이다. 쉬운 예를 들면 인류의 삶에 많은 기여를 한 낙타나 소 같은 동물을 생각할 수 있을 것이다. 사막을 횡단하는 낙타와 논이나 밭에서 농사일을 대신하는 농업용 소는 그들의 의사와 관계없이, 사람들의 필요에 의해 강제적으로 어떤 행위에 길들여져 사람들이 원하는 행동을 습관적으로 연속할 수밖에 없는 경우도 있다는 것이다.

이러한 낙타와 소를 야생으로 돌려보내면 어떻게 될까? 수백 년을 그리고 수십 세대에 걸쳐 사람들에 의해 물건을 나르고 들일을 하는 행동 외에 다른 행동을 배워보지 못한 동물들을 야생으로 돌려보내면 그들이 살아남을 수 있을까? 물론 포식자가 없다는 조건이라면 그들은 결국 야생에 적응해서 한 번도 해본 적이 없는, 그리고 부모들로부터 배워보지 못한 야생의 삶을 회복하고 살아갈 수 있을 것으로 생각된다. 물론 상당한 어려움도 있을 수 있으나 살아남으려면 본래의 그들 선조들이 했던 것처럼 야생에 적응할 수밖에 없고 그렇게 살아갈 것이다.

이렇게 어떤 행동을 배워보지 못했더라도 본래의 그들이 가지고 있었던 야생의 본능으로 회복하는 과정과 능력을 '관성'에 의한 회귀로 볼 수 있을 것이다.

지상에서 끊임없이 움직이는 물체로는 동물을 제외하고도 물과 바람 같은 보이지 않는 것들도 있고, 구름이나 해와 달 같이 하늘에도 움직이는 물체가 있을 것이다. 그러나 해와 달은 우주 태초의 에너지에 의한 운동관성과 중력에 의해 지속되는 움직임도, 스스로 에너지를 생산하는 것이 아니고 외부에서 공급되었다고 볼 수 있을 것이다. 물과 바람 그리고 구름은 정해진 형상은 없지만 끊임없이 움직이는 어떤 물질에 의해 우리가 느끼고 볼 수 있는 것이다.

이렇게 천체와 바람과 구름 그리고 물은 압력이나 중력 또는 관성에 의해서 지속적으로 움직이는 것으로 볼 수 있다. 그렇다면 움직이는 물체의 다른 종류인 동물도 어떤 압력이나 중력 또는 관성 같은 것에 의해 움직여질 수는 없는 것인가? 그런 것이 있다면 그것은 타의에 의한 강요와 같은 것일 수도 있다.

낙타와 소가 물건을 운반하고 농사일을 하는 것은 사람들의 편익을 위한 강요가 있었을 것이고, 야생으로 돌려보내졌다면 살아남기 위한 또 다른 강요가 있었을 것이다.

간단한 예로 사바나 초원이라면 먹이 활동 후 물을 먹으러 강가로 가야 할 것이다. 그곳에는 사자와 같은 포식자가 있는 것을 알면서도 갈 수밖에 없는 행위 또한 어떤 강요나 압력으로 볼 수 있을 것이다.

이렇게 물건을 나르고 들일을 하는 강요에 길들여져 일상처럼 하는 행위들을 강요에 의한 노예화로 볼 수 있을 것이다. 또한, 야생에서 죽을 수 있음을 알고 있으면서도 강으로 갈 수밖에 없는 강요에도 길들여져 일상처럼 하게 되면 그것 또한 강요에 의한 노예화로 볼 수도 있을 것이라는 것이다.

2) 물체의 운동

:: 지구상에서 움직이는 물체의 기본형을 동물로 보는 것이 합리적일 수 있다. 기계장치나 장비, 도구 등은 사람에 의해 에너지를 공급받지 못하면 모든 기능이 중지되고 결국은 움직일 수 없는 물체로 전락할 것이기 때문이다.

그러나 사람에 의해 에너지를 공급받지 않고도 움직일 수 있는 물질은 바람과 물과 같은 일정한 형상이 없어서 잘 보이지는 않지만, 일정한 움직임을 촉감이나 소리로 움직이는 것을 알 수 있는 것들도 있다. 이러한 것은 형체가 정해져 있지 않고, 또 쉽게 보고 형상을 확인할 수 없는 문제가 있어서 물체라고 보기에는 문제가 있을 수 있다. 그래서 이러한 것을 기체나 액체 같은 물질로 구분하기도 하지만 압력에 의해 끊임없이 움직여지는 실체가 있어 물체로 볼 수도 있을 것이다.

움직이는 물체의 보편적 형태는 동물과 같이 일정한 모양을 가지고 있고 스스로 움직일 수 있는 물체나 물질을 기본적 형태로 볼 수 있을 것이다. 이렇게 일정한 형태나 무게를 가지고 있는 물체는 어떤 움직임이 생겼을 때는 운동관성이나 중력에 영향은 받을 수밖에 없을 것이다.

동물도 엄연히 기본적으로는 물체이기 때문에 움직이게 되면 계속 움직이려는 운동관성이 생기고, 정지되어 머물러 있으면 계속 정지해 있으려는 중력에 의한 정지관성이 작용한다고 볼 수 있다. 그리고 정지되어 있던 동물이 자신의 에너지를 소모하여 움직이게 되면 운동관성이 발생하고, 이러한 움직임을 정지시키려면 움직이는 관성의 에너지만

큼을 반작용적 에너지로 공급되어야 멈출 수 있을 것이다.

그렇다면 동물의 움직임에도 뉴턴의 '만유인력'에 의한 운동법칙이 적용되는 것으로 볼 수 있을 것이다. 이러한 물체가 가지고 있는 물리적 성질은 동물이 움직이는 행동관성과도 상당히 비슷한 점이 있는 것으로 볼 수 있다. 그것은 늘 하던 행동을 하면 힘도 들지 않고 쉽게 할 수 있지만, 해본 적이 없는 처음 하는 행동을 하면 힘도 들고 또 쉽게 할 수도 없는 현상과 여러모로 닮은 점이 있는 것 같다. 이러한 행동들의 움직임은 습관화된 움직임인지 아니면 습관화되지 않은 행동인지를 구분하는 경계로도 분류할 수 있을 것이다.

그것은 습관적인 움직임은 운동관성으로 비교할 수도 있고 습관화되지 않은 처음 해보는 움직임은, 정지상태에서 운동 상태로 전환되는 과정의 에너지 소모로도 볼 수 있어 정지관성이 작용한 것으로도 볼 수 있기 때문이다. 그리고 습관적인 움직임을 못하게 하면 그러한 움직임을 고치려는 상당한 어려움도 생기게 되고 또 일정한 저항이나 반작용 같은 것이 있을 수도 있어 반발관성이 생긴 것으로 볼 수 있는 것이다. 그렇다면 결국 동물의 행동에도 일반적 물체의 운동과 비슷한 중력에 의한 운동관성이 작용한다고 보는 것이 합리적일 수 있다.

이것은 동물들의 습관화나 물체의 운동관성이 유사성을 보여주는 사례로도 볼 수 있는 것이 된다. 만일 이렇게 물체의 운동관성과 동물의 습관적 행동에 비슷한 점이 있다고 가정하면 낙타나 소가 물건을 운반하고 농사일을 하는 '습관성 관성'과 그들이 자연의 야생동물로 돌아가서 본래의 야생 습관을 회복하는 '회귀성 관성'의 무겁고 가벼움을 서로 비교할 수는 없을까? 그리고 어떤 동물이 피포식자로 살아오다가 필요에 의해 포식자로 변환되었다면, 피포식자로서의 '습관성 관성'과 포식자로서의 '행동관성' 중 어느 것이 그 동물의 습관과 행동을 통제하는 우선적 습성으로 유리하다 할 수 있을까?

3) 따라 하기

:: 지구상에서 끊임없이 움직이는 물체나 물질로는 해와 달과 같은 천체도 있을 수 있고, 물과 바람 또는 구름 같은 정해진 형상이 없는 물질도 있을 것이다. 그러나 이들을 움직이는 에너지는 태초의 우주에너지로 볼 수 있다. 그리고 물과 바람과 구름을 움직이게 하는 힘의 원천도 태초 우주에너지의 한 부분인 태양에너지와 우주 중력에너지로 볼 수 있을 것이다.

액체에서 기체로 그리고 중력에 의해 상부에서 하부로 움직이는 정해진 형상은 없으나 실체적 물질로 있는 것이 확인된 물과 바람과 구름은, 각 물질의 압력에 의해 무거운 쪽에서 가벼운 쪽으로 움직이고 중력에 의해 높은 곳에서 낮은 곳으로 움직이는 것이다. 이렇게 태초의 우주에너지에 의한 지속적인 움직임을 제외하면 움직이는 물체의 기본적 유형은 동물로 볼 수 있다. 이러한 동물들도 물체의 범주일 수밖에 없어서 물체의 '운동관성'과 유사한 '행동관성'이 생길 수 있다.

동물의 행동관성은 습관화를 통해 운동관성과 비슷한 성향이 움직이는 물체의 본질에 녹아들어 있거나 담겨있어 일반적 관성의 범위로 인정할 수 있을 것 같다. 이렇게 동물의 기본적 움직임을 물체의 움직임으로 보아 운동관성의 범주로 행동관성을 견주어 볼 수 있다면, 이들의 습관적 행동은 어디서부터 유래 되었고 언제부터 가능해졌을까? 이러한 움직임은 그 생명체가 존재할 때부터 습관화가 시작되었다고 볼 수 있어 특정하는 것은 우스꽝스러울 수 있을 것이다.

그러나 생명체 개체의 입장에서 보면 모태에서 태어나 처음 본 어미의 행동을 보고 따라 한 것이 행동의 초기 움직임으로 볼 수 있을 것이다. 이렇게 생명 초기의 움직임은 어미의 영향에 의해 어떤 형태의 행동으로 규정되어 지속되고 반복되면서 습관화된 행동으로 관성화되어갈 수 있을 것이다. 이렇게 어미의 행동을 보고 따라 하는 습관화를 자연적 살기의 표본이나 모형으로 볼 수 있다.

지구상에 살고 있는 모든 동물의 행동학습은 부모들의 행동을 보고 따라 할 수밖에 없는 것이 일반적인 행동형식으로 볼 수 있고, 자연에서 살아가는 모든 습관은 모성 따라 하기에서 시작되었다고 보아도 무리가 없을 것이다. 이미 존재하고 있는 어른들의 행동을 보고 따라 하는 습관적 행동과 삶을 '자연적 살기'라 하고, 인문적 인류에서 글씨로 표현된 내용을 보고 행동형식을 따라 해보는 행동의 한 유형을 '인문적 살기'라고 할 수 있다.

그것은 보고 배우는 따라 하기가 아니고, 형상이 없는 행동유형을 문자를 보고 스스로 재현해내는 살아가기 방식을 '인문적 살기'로 구분해보자는 것이다. 이것은 문자가 없던 지난 오랜 세월에는 없었던 형태여서 일반적 동물의 따라 하기는 부모를 보고 배우는 자연적 과정으로 이루어졌다고 보는 것이 합리적일 수 있다.

이렇게 '자연적 살기'의 표본인 어른 또는 다른 동료들을 보고 따라 하는 것은 어떤 좋은 점이 있다고 생각해서 따라 하는 것일 것이다. 그러나 태아에서 영·유아기를 지나면서 따라 하기가 형성되었다면, 그것은 최초의 행동이어서 보편적 따라 하기보다 훨씬 무거운 느낌으로 움직임이 자기화되었을 수 있을 것이다. 그것은 최초의 느낌은 깊고 크고 강렬할 수 있는 첫인상과 같은 것으로, 자신의 육감 속에 흔적화, 배경화되어 자신과 같이 느껴졌을 수 있기 때문이다.

이렇게 영·유아기부터 '모성 따라 하기'로 형성된 습관적 행동을 '세습 따라 하기'로 볼 수 있어, 이러한 행동이 습관화될 경우 자신과 동일시 될 수 있고, 왜 그렇게 했는지를 기억할 수도 없지만 자신으로 인정될 수 있어, 세습은 인지되지 않고 그 자신의 바탕으로 배경화될 수 있다는 것이다. 그래서 다른 이들은 다 보이고 알 수 있는데 자신만이 모르는 사각지대인 등잔 밑이 될 수 있는 것이다. 그런 고려에서 한 번쯤 '무의식 따라 하기'를 성찰해보는 것이 어떨까 한다.

4) 동질성 공감

　　　　　:: 지구상에 살고 있는 많은 동물들은 그들이 살아가는 방식의 표본 행동으로 '따라 하기'에서 그들이 살아있고 살아가고 있음을 몸으로 느낄 수 있을 것이다. 이러한 행동형식은 자연에서 살아가는 대부분의 동물군에 비슷한 성향을 보인다고 볼 수 있다.

그래서 그러한 삶의 형식을 '자연적 살기'라 분류하여 따라 배울 수 없는 상황에서의 새로운 행동방식인 '인문적 살기'와 구분할 수 있다.

즉 자연적 살기의 따라 하기는 지구상의 생명체 존재와 함께 진화하여 습관화하고 여럿이 따라 하기에 동참하는 관행화로 진전되고 있다. 이렇게 여럿이 따라 해보면 어떤 느낌이 생길까? 물론 따라 하기는 늘 그럴만한 이유가 있거나 호감이 있을 때 할 수 있는 행동형식이긴 하지만, 만일 여럿에서 일부는 따라 하기를 하고 다른 일부는 다른 행동형식을 보인다면, 그들은 서로 다른 것을 느끼게 되어 동질감보다는 그들은 우리와 또는 나와는 다른 어떤 느낌을 가진 것으로 서로를 인식할 수 있을 것이다.

이렇게 따라 하기는 같음이라는 유사성을 바탕으로 정서적 느낌의 동조화가 형성되는 어떤 계기로 작용할 수 있다. 그리고 서로 다른 행동형식을 하는 무리와는 서로 다름을 인정하고 표현하는 상대적 이질감을, 그리고 같은 행동을 하는 무리와는 같음에 따른 동질감을 서로 확인하는 절차적 행위로 보는 것이 합리적일 것으로 본다. 그렇다면 같은 행동을 할 때 왜 동질감을 느낄 수 있고, 다른 움직임을 보이는 무리와는 이질감을 느끼게 되어 서로 구분됨을 느끼게 되는 것일까? 그것은 태초부터 가지고 있던 어떤 흔적성 기억이나 관성이 있는 것은 아닐까 의심해볼 수도 있을 것이다.

그렇다면 왜 같은 행동을 할 때 친구 정서 같은 것을 느끼게 되어 서로에 의해 좋은 느낌 같은 것이 생기는 것일까? 그리고 같은 행동을 하는 개체끼리는 서로 같음을 인정하고 싶어지고 그래서 다른 행동을 하는 개체들과는 다름으로 거리를 두고 싶은 느낌이 생길까 하는 것이다. 이러한 정서적 바탕에는 서로를 신뢰할 수 있는 기초적 다름이 어떤 분류로 작용할 수 있어져, 다른 행동을 하는 쪽을 경계할 수도 있어질 것이다. 이 다름의 원천을 모성 따라 하기에서 찾아보면 정서적 비약이 너무 심해진 것일까?

영·유아기에는 모든 행동의 원천 따라 하기를 모성 교감에서 시작된다고 볼 수 있어, 어미의 행동을 따라 해보고 생존의 절대적 의존인 어미의 기쁨을 얻는 것에서, 서로 같음과 믿음 같은 정서적 느낌이 태생적 바탕으로 흔적화, 배경화되었다고 볼 수 있음을 살폈으면 하는 것이다.

결국, 따라 하기의 동질성 공감은 모성 기억의 행복과 사랑에서 찾을 수도 있다는 것이다. 그것은 태초 시원의 느낌과 무한의 의존을 모성 따라 하기에서 느끼고, 자기화 느낌과 정서로 스스로 형성되었기에 느껴지는 모성 회귀로 볼 수는 없을까 하는 것이다. 이것은 무한의 신뢰와 의지로 자기를 형성하는 시원적 자기화와 같을 수 있어, 저절로 느껴지는 어미와 나의 같음 또는 하나임을 본능과 관성으로 불러내어진 것이 아닐까 생각하게 된다. 그리고 이러한 따라 하기의 공감과 동질감은 유·소년기 좋아하는 연예인을 보고 따라 해보는 본성적 행동과도 비교해보면 좀 쉽게 이해될 수도 있을 것으로 본다.

따라 하기는 기본적으로 호감이 없으면 이루어질 수 없는 행동형식으로 보기 때문이다. 스스로 마음에 좋은 느낌이 생기지 않으면 따라 하기에 동조하기보다는 외면할 수도 있고, 그러한 환경을 벗어나서 다름을 나타낼 수 있기 때문이다.

끊임없이 움직이는 물과 바람 같은 것이 압력의 작용으로 움직임을 느낄 수 있다면 동물들의 끊임없는 움직임과 따라 하기에도 원천적으로 작용하는 본능과 관성의 정서적 압력 같은 것은 작용할 수 없을까? 따라 하기의 동질성 공감을 모성 공감의 소환으로 보면 어떨까 한다.

2

심리관성

1) 익숙함의 유혹

:: 지구상 모든 동물들의 습관화된 행동들은 따라 하기에서 시작되었고, 이런 형태를 자연적 살기로 분류하여 보편적 행동양식으로 설명하였다. 그것은 문자도 없었고 언어의 소통도 불편하거나 불가능했다면 삶에 유익한 행동을 배워볼 수 있는 여건은 따라 하기밖에 없기 때문으로 볼 수 있다. 이러한 따라 하기는 자연스럽게 최초 생명이 부여되면서부터 보고 들을 수 있는 상태가 되기까지는 본능적 행동밖에는 할 수 없을 것이지만, 들을 수 있다 하여도 그 소리가 무슨 뜻인지를 모르면 행동의 지침으로는 소용이 없는 일이 된다. 그렇다면 볼 수 있는 상태가 되면서부터 어떤 행동을 의식적으로 하게 될 것이고, 그것이 생명 본능적 행위가 아니면 따라 하기로 시

작되는 것이 행동의 초의식과 초기화로 볼 수 있을 것이다.

이렇게 보고 따라 하면서 자주하는 행동이 생존에 유리함이 있으면 그러한 행동은 더욱 자주할 수밖에 없고, 그것이 습관화되어가는 것은 영·유아기에는 불가피한 과정일 것이다. 이러한 따라 하기의 습관화 행동들은 생존에 유익하거나 유리한 행동들로 이루어지는 것이, 영·유 아기의 자신을 인식하고 존재하게 하는 좋은 표본적 행동으로 정착된 다. 이러한 따라 하기를 세습 따라 하기의 습관화로 볼 수 있다.

이렇게 습관화되어가는 행동들이 삶에 유리 또는 유익하다면 그러한 행동을 할 수밖에 없게 하는 압력 같은 것으로 작용할 수도 있어진다. 그러한 압력이나 강요를 수용하는 것이 무의식적으로 할 수 있는 습 관화로 규정되어, 나도 모르게 또는 의식할 수 없는 상태에서 이미 이 루어지고 있는 행동유형으로 자리 잡을 수 있을 것이다. 이러한 행동 들은 너무도 쉽게 반복되어 습관화된 것으로 늘 하던 행동은 쉽게 할 수 있는 구조적 과정으로 고착되어가고, 안 하던 행동을 하려고 하든 지 또는 할 수밖에 없을 때는 머뭇거리게 되고 쉽게 할 수 없어지는 것 이 습관적 관성일 수도 있지만, 마음에서 비롯되는 심리적 반응일 수 도 있다.

이렇게 생존에 유익한 행동들은 익숙해져서 잘하게 되면 계속하고 싶어지는 관성이 생겨서 심리적 현상인 어떤 유혹 같은 것을 느낄 수 도 있어질 것이다. 그래서 세습 습관화로 고착되어 기능화로도 진전될 수 있는 것이다. 이러한 행동들이 생존에 유익하고 그것이 삶을 더욱 유리하게 할 수 있는 것이면 모두가 그렇게 하는 것이, 각자의 삶에 유 리한 것이 될 수 있어 다른 개체들의 관심이나 또는 그들의 따라 하기

모델화로 기능할 수 있을 것이다.

이렇게 여럿이 모방할 수밖에 없는 행동양식이라면 잘하고 익숙해진 개체는 다른 개체들보다 여유로워질 수 있어 우월감이 생기는 것은 자연의 순리적 반응으로 볼 수 있다. 이러한 우월감은 외부의 다른 개체의 관심을 유발하여 한층 자존감이 높아질 수 있는 단계로 발전할 수 있고, 우월함과 자존감이 심리적 영향으로 전이되면서 새로운 관성과 정서를 유발할 수 있게 될 수도 있을 것이다.

이렇게 익숙해져 잘하게 되면 여유로워지고, 다른 이의 관심과 선망의 대상이 될 수 있다. 이러한 행동은 더욱 잘할 수 있도록 자신을 길들여지게 하여 왜 그런 것을 했는지 또는 할 수밖에 없었는지를 모르게 무감각화될 수 있으면, 자신도 모르게 그러한 익숙함이 자신의 배경적 바탕처럼 흔적화될 수도 있다는 것이다. 이러한 흔적화는 익숙함의 행동관성이 심리적 정서화를 도모하여 습관화 감성화 단계로 변이될 수 있는 계기로 작용할 것으로 본다.

[표: 1] 행동관성과 심리관성의 비교

구 분	익숙해서 편안해지면서 상호 대비되는 과정					비 고
행동관성	습관화	초습관화	기능화	자율신경화	본능화	발전단계별 행동·심리
심리관성	정서화	감성화	심성화	인성화	본성화	

익숙해져서 우월하다고 느끼는 과정은 행동관성이 자존감으로 발전하여 심리적 유혹을 불러오는 영향으로 발전된 것으로 볼 수 있다. 이

러한 우월은 외부의 관심을 유발할 수 있고, 그러면 더욱 유혹을 자극할 수 있을 것으로 볼 수 있을 것이다.

2) 편안함의 유혹

　　　　　　　　:: 생활의 일부분같이 일상적으로 늘 하던 일들을 어떤 이유로 못하게 되면 무언가 잊어버린 것 같은 불편함과 찜찜함 또는 거부감 같은 것이 생길 수 있다. 이러한 느낌은 자신도 모르게 그냥 하게 되는 일상적 삶에 필요한 행위일 수 있다.

　이렇게 늘 하는 것이 편안하고, 안 하면 이상해지는 행동들은 오랜 시간 습관화되어 익숙함으로 초대되어 유혹받은 것처럼 자기화되어가는 것을 모르고 지날 수 있다. 이러한 행동유형은 길들여짐 같은 어떤 강요나 억압이 있었던 것처럼 느껴질 수 있고, 자신의 감정과 동화되어가는 과정일 수 있다.

　이렇게 행동의 익숙함이 자신도 모르게 이루어질 수 있는 현상을 몸과 마음이 공명·동조되었다고 볼 수 있어, 그러한 행동은 너무도 쉽게 이루어져 기억할 필요도 없어질 수 있어 삶의 일부분으로 자기화되었다고 볼 수 있을 것이다. 이러한 행동의 익숙함은 마음의 편안함을 동반하게 되어 일상적 삶이 여유로워지고 행복하다고 느낄 수 있는 반응도 생기게 될 것이다. 이러한 짝 지움의 과정이 의식하지는 않았지만 저절로 이루어지면 익숙함을 지원하는 습관에 의한 행동관성이, 편안함과 행복함마저 함께할 수 있어져서 행동관성이 심리관성으로 전이하는 것은 아닌지 의심할 수 있을 것이다.

이렇게 편안함을 느낄 수 있어지는 과정을 익숙함에 의한 편안함으로 설명할 수 있고, 이러한 정서적 느낌으로 빠져들고 싶은 자기최면 같은 유혹에 빠져들게 할 수 있다. 이러한 정서적 유혹은 '꿈이면 깨지 말게 하소서.' 하고 싶은 심리적 안정감을 불러와 의식적 느낌이 없이 저절로 흘러가는 물과 같은 또는 가벼운 바람처럼 느껴질 수도 있을 것 같다.

이러한 유혹에 빠져들게 되면 중독된 것처럼 머물고 싶어지는 알 수 없는 압력 같은 것이 작용하는 것은 아닐까 의심스러워지기까지 할 수 있다. 이러한 유혹에 익숙해지면 자신의 삶에 바탕으로 배경화되기를 바랄 수도 있고, 또한 그렇게 배경화되어 나로 느껴지는 과정까지 몰릴 수 있는 것은 아닌지 우려할 수 있다. 이러한 현상은 익숙함의 쉬움이 자존과 우월을 가져올 수 있고, 또 최면 같은 유혹에 빠져들면 그러한 느낌에서 머물고 싶은 충동이 생길 수 있다. 이것은 익숙함의 편안함으로 생긴 관성 같은 것일 수도 있어 머물고 싶은 느낌이 생겼다면 그것은 또 다른 가속관성 같은 압력으로 느껴지고 작용할 수 있을 것이다.

이러한 것이 익숙함의 중독 같은 것일 수도 있어 습관성 행동관성이 쉬움이라는 효율 때문에 가속반응을 유도할 수 있다면 또다시 그런 느낌 속에 머물고 싶은 압력으로 자신을 몰아갈 수는 없을까 하는 것이다. 행동의 습관화가 편안함의 정서화로 진전되어 버리면 달콤함의 유혹을 뿌리칠 수 없어 무의식화되어 아무런 저항 없이 그러함을 실현하면, 그러한 습관 또는 행동과 자신이 동화되었다고 느낄 수 있다. 이렇게 일체화되어 동화되어버리면 그러한 행동과 자신을 구분할 수 없어질 수 있어 지나간 행동을 인지할 수 없어지는 일시적 구분불능에 빠질 수도 있을 것이다. 이런 현상을 배경화 또는 바탕 흔적화로 설명할 수 있다.

익숙함은 습관화되었다는 것이고 편안함은 정서화되었다는 것으로 볼 수 있어, 고려 없이 그냥 따라 하는 행동들은 습관화된 행적으로 볼 수도 있지만, 마음에서 비롯된 근원적 압력의 작용으로도 볼 수 있어질 것이다. 이러한 행동들이 세습 따라 하기에서 시작된 영·유아기 초의식을 소환하는 것일 수도 있어 편안함과 행복함을 모성 사랑과 모성 행복에서 그 뿌리를 찾아보는 것은 어떨까 한다.

그렇다면 이러한 관성적 압력과 같은 행동들은 마음에서 유래 되었을 수도 있을 것으로 보는데, 행동관성이 심리관성을 자극하고 심리관성이 행동관성으로 유발될 수는 없는지를 한번 살펴봐도 좋을 것으로 본다.

3) 공유행적은 정서를

:: 지구상을 살아가는 많은 사람들은 그들의 합리적 동의와 필요에 의해 사회를 구성하고 지역적, 시대적 또는 혈연적으로 같은 시대성을 가지고 살아갈 수 있고 또한 그러한 것이 보

편적으로 받아들여지고 있는 것 같다.

어떤 동질감이나 같음의 바탕이 없다면 서로를 이해하고 협력하는데 문제가 생길 수 있어, 함께 삶을 누리기에 불편을 감수해야 해서 그러한 구조는 오래 지속될 수 없을 것이기 때문이다. 이렇게 어떤 동질감이 생길 수 있다는 것은 어떤 외형적 동질감도 있을 수 있고, 언어적 동질감도 있을 수 있으며, 사회 목적의식이나 시대정신의 동질감 같은 것도 있을 수 있을 것이다.

그러나 서로 다른 많은 사람들이 함께 더불어 살 수 있는 바탕은 정서적 동질감이 가장 중요할 수 있는 기준으로 작용할 수 있다. 이런 정서적 동질감은 외형적 모양이나 언어의 공유감도 있을 수 있지만, 가장 중요한 것은 같은 행동을 하는 삶의 형식과 가치의 유사성이 매우 중요해질 것으로 본다. 그것은 서로 다름이 있다 하더라도 어떤 문제에 대처하거나 이해하고 협력하는 과정에서 행동의 동질성은 그들을 같음의 공유정서를 갖게 하는 기본요소이기 때문이다.

이렇게 행동의 같음 또는 유사함은 그들 정체성이나 사회적 가치의 기준이 되고, 그러함을 시행하는 뿌리 마음과 같을 수 있는 것이다. 이렇게 같은 행동을 하면 공유적 감성이 생길 수 있고, 이런 공유적 정서가 그들을 뭉치게 하고 협력하게 하여 더욱 합리적이고 견고한 사회로 이끌어질 것이기 때문이다. 이러한 것처럼 어떤 현상에 비슷하거나 같은 행동을 할 수 있는 집단적 느낌이나 가치를 가진 무리에, 다른 행동을 하거나 같은 행동을 하지 않을 경우에는 불안해 질 수도 있고, 그러한 부류나 개체는 이질화될 수 있어 상당한 압력이나 심리적 고통을 느낄 수도 있을 것이다.

모두 할 때 안 하면 불안해질 수 있는 정서적 공유감이 생겼다면 그들은 서로에 상당한 호감도 갖고 있으며, 서로를 믿으려는 기본적 자세가 그들의 바탕적 배경으로 깔려있을 것이다. 이렇게 행동의 공유가 심리적 공감을 유도하고 서로가 좋은 감정을 공유하는 것으로 믿을 수 있는 바탕은 결국 같은 행동을 할 수 있게 하는 가치와 정서가 그들의 이익과 연동되기 때문으로 볼 수 있다. 이러한 것의 가장 기본적인 형태는 어린이들이 모여 놀고 있는 끼리 정서에서 유도될 수 있는 동질감과 같음을 서로 수용하고 받아들이려는 끼리 공감일 수 있다.

어떤 행동을 반복했을 때 익숙해지고 편안해져서 행동관성이 심리관성으로 전이되는 것처럼, 많은 사람들이 같은 행동을 하면 그 숫자의 많음이 익숙함의 횟수별 많음과 유사성을 가져오고, 그러함의 바탕에서 공유적 느낌이 같음을 하나로 받아들여질 수 있게 하는 믿음으로 변이할 수 있는 것이 된다.

어떤 행동들이 좋다고 생각되지 않으면 반복하지 않듯이 여러 사람이 같은 행동을 할 수 있는 것은 좋다는 호감이 모두를 반응하게 하는 어떤 이유가 생겼을 수 있다. 그것은 그러한 행동을 했을 때 생길 수 있는 이익과 생존의 유익성이 하지 않았을 때 오는 불편함과 사회적 불리함보다 모두에게 도움이 될 수 있다는 가정이 깔려있는 것으로 볼 수 있다면, 그러한 어떤 이유는 강요로도 작용할 수 있어 함께하는 도덕성의 배경적 바탕이 될 수 있을 것이다.

이러한 것이 사회적 규범 같은 것이 될 수도 있고 사회공동체를 유지하는 의무 같은 것으로 발전했을 수 있다. 그래서 생존을 위한 생명 우선 본질로 내가 살아야 사회도 있고 나도 있을 수 있다는 본질적 생명 강요를 1차적 강요로 보고, 사회적 도덕과 규범 같은 공동체를 형성하므로 생기는 의무 같은 것을 2차적 강요로 분류할 수 있을 것이다.

4) 중복행적이 감성을 강화

　　　　　:: 어떤 행동을 늘 하게 되면 습관이 되어 그러한 행위를 하는 것이 편안해질 수 있고, 이렇게 편안해졌다는 것은 익숙함의 행동관성이 편안함의 심리관성으로 변이하는 것으로 볼 수 있다.

그리고 습관적 행적도 지속적으로 반복되는 경우도 있지만, 여건에 따라 일정 기간 멈출 수도 있고 또 환경의 변화에 따라 그러한 행동이 필요해지면 다른 유형의 행동보다 이미 실행한 적이 있고 반복해본 적이 있어 약간의 익숙함과 실행의 거부감이 없는 행동을 하게 되는 것은 정서적 바탕이 형성되었다고 볼 수 있을 것이다.

이렇게 같은 행동을 중복해서 할 수 있는 것, 즉 반복적으로 지속하던 행위가 소용이 없어서 일정 기간 하지 않고 있다가, 새로운 소용성이 생겨서 다시 하게 되는 관성적 익숙함의 쉬움으로 가속된 압력처럼 할 수 있어지는 것을 중복실현이라 할 수 있다.

이렇게 어떤 행동이 지속적으로 반복되는 것이 아니고 단속적으로 이어지는 과정을 중복으로 볼 수 있고, 중복은 반복의 입장에서 보면 종전의 익숙한 행적으로의 회귀로도 볼 수 있어 다음에 또 같은 반응을 보일 경우, 중복된 행동의 유형은 순환적 회귀로 어떤 등 밀림 같은 것이 있었던 것은 아닌지 우려할 수 있을 것이다.

이러한 행동유형의 습관을 반복의 쉬움에 의한 가속도 같은 등 밀림을 압력으로도 느낄 수 있어서, 이런 유형의 유사함이 중복될 경우 순환적 회귀 같은 정서적 느낌을 강화시킬 수도 있다는 것이다. 이러한 정서적 끌림이 그러한 행위를 지속적으로 반복하게 하든지 아니면 단속적으로 이어지게 하여 연속성을 갖게 된다면, 지속과 단속이 중복되어 연속적 관성화로 진전된 것으로 볼 수 있다. 이러함이 또 반복될 수 있다면 지속과 단속은 순환의 유형일 것이고 또다시 반복되는 중복은 연속의 회귀 같은 현상으로 볼 수 있다.

이렇게 순환에 의한 회귀로 어떤 유형의 행동들이 이어지는 것을 '습관화'라고 할 수 있고, 그러한 습관적 쉬움에 의해 반복되는 것을 '익숙함'이라 할 수 있을 것이다. 또한, 익숙함의 효율적 쉬움 때문에 또다시 같은 행동이 반복적으로 중복된다면, 편안함이라는 정서적 감응을 일으켜 감성적 반응이 쌓여가는 과정을 정서적 심리현상으로 보아, 습관화의 행동관성이 감성화의 심리관성으로 전이 또는 변이되었다고 볼 수 있게 된다.

어떤 행동이 생활에 유익하고 생존에도 유용한 편리적 가치를 가지고 있다면, 그러한 행동을 우월하게 할 수 있는 개체는 적자생존이라는 경쟁에서 유리한 위치에 있다고 볼 수 있다. 이렇게 유익한 행적이 습관화되어 남들보다 우월해지고 유리해져 가는 과정이 습관에 의한 행동관성이고, 이러한 행동관성은 효율적 쉬움과 우월과 유리라는 정서적 압력에 의해 편안함을 유지하려는 감성적 지원을 받아 심리적 관성으로 변이되었다면, 외형적 행동과 내재적 심리가 같음으로 보였다는 것이 된다.

어떤 물체의 움직임에는 운동관성이 작용하고 행동이라는 동물의 움직임에도 동일한 관성이 작용할 수 있어지면, 심리작용도 운동관성 같은 어떤 압력이나 가속도 같은 것이 작용할 수는 없는 것인가 생각해 볼 수 있다.

익숙함의 행동관성이 편안함의 심리관성을 유도해서 두 가지 관성이 동일한 현상으로 공명 동조될 수 있다면, 심리현상에도 운동관성 같은 것이 작용할 수는 없을까? 정서적 압력과 감성적 지원을 받는 심리관성이 행동관성의 쉬움과 효율이 등 밀림의 압력으로 작용하여 운동관성화 할 수 있지 않을까? 하는 것이다.

3

관성과 마음

1) 마음론 개설

:: 우리는 문학 작품이나 시 또는 삶의 넋 두리에서 '내 마음 나도 모른다.'라는 표현을 보기도 했고, 듣기도 했을 것이며 또 스스로 그렇게 표현해 본 적도 있을 수 있을 것이다. 이렇게 '내 마음 나도 모른다.'라고 하면 나는 누구이고 나는 무엇에 의해 움직이고, 생각하고, 삶에 몸부림치는지를 깊게 생각해볼 수 있는 기회가 될 수 있을 것이다.

나의 행동을 통제하고 또는 이끌어내어 넓고 높은 곳으로 안내할 수 있는 능력을 가진 마음을, 알 수 없는 것으로 설정하여 가슴 깊은 곳에 보관해둔 것은 아닌지 여유가 있을 때 살펴볼 수 있는 아량과 용기를 바라는 것이다.

보통 사람들이 아무 생각 없이 그냥 하는 행동들은 마음에서 비롯되었거나 습관에 의해 이루어진 것으로 생각할 수 있고, 많은 경우 그렇게 믿는 것 같다. 그렇다면 습관은 나의 내부에서 유래된 것으로 볼 수 있는데, 마음은 어디서 왔고 왜 왔는지를 설명하는 것이 불가능할 수 있다. 그래서 '내 마음 나도 모른다'가 되고, 그것이 외부에서 온 것이 아닌가 의심하게 되었을 수 있다.

너무도 익숙하여 나도 모르게 실행되는 삶의 일상적인 움직임이 습관이나 마음에서 왔다면 '언제부터 어떻게 왔는가'가 설명이 가능해야 할 것이다. 또 '왜 그러한 것인가'를 선명하게 설명되어 이해될 수 있어야 하는 것이 인류의 큰 '화두'일 수 있다.

이것은 마음의 본질을 모르는 데서 오는 혼란과 같은 것으로 생각의 깊이가 깊어지면 더욱 혼란스러워져 그냥 외부에서 왔다고 방치해 둔 것은 아닐까? 습관은 우리가 볼 수도 있고 느낄 수도 있는 실제의 모습에서 기억되고 머리에 깊게 새겨질 수 있지만, 마음은 형상도 없고 어떻게 움직이는 지도 실체가 없어 그냥 가슴속에서 느끼고 또 그렇게 하도록 자극하고 충동하는, 그런 형이상학적 상상의 표현일 수 있어 무엇으로 설명하고 정의하기가 애매할 수 있었을 것이다.

이렇게 형상이 없는 것들이 움직이고 또는 움직이게 하는 것은, 보이지는 않지만 움직이는 것을 느낄 수 있는 물과 바람의 움직임과 같을 수 있다. 이렇게 형상이 정해져 있지 않고 어떻게 움직이는지를 눈으로 확인할 수 없는 것들은 밀도나 온도 차 또는 압력에 의해 움직이는 것으로 우리는 알고 있다. 그러면 혹 마음이라는 형이상학적 상상의 것이 정서나 감성 같은 것으로 느낌이나 공감에 의해 움직일 수도 있는 것이라면, 그것 또한 압력과 같은 형식을 빌려서 행동하도록 자극하고 충동하고 지원하는 것인지 모른다. 그리고 습관은 익숙해지고 편안해지면 정서적 느낌으로 가슴에 행복감을 줄 수도 있지만, 물체의 운동관성처럼 움직임에 대한 관성이 생길 수도 있을 것이다. 그렇다면 습관에 의한 행동관성은 볼 수 있는 것일까? 아니면 형상은 없는데 실현되는 바람이나 물과 같이 밀어내는 힘이 있는 등 밀림의 압력이나 쉬움의 효율에 의한 가속도 같은 것일 수는 없을까? 의문을 가져보면 어떨까 한다.

어떠한 행동을 반복하면 잘하게 되어 또 하고 싶어질 수 있고 여럿이 함께하면 동질적 공감이 생길 수 있다면, 행동에서 정서가 녹아나는 것은 아닐까? 열심히 신체적 운동을 했을 때 몸에서 땀이 배어 나오는 것처럼 끊임없이 반복되는 습관에서 정서적 느낌이 스며날 수 있다면 행동관성에서 심리관성이 유도될 수 있듯이 습관과 감성은 어떤 유사함이 있는 것은 아닐까 의심할 수 있을 것이다.

그렇다면 정서적 느낌의 뿌리일 수도 있는 마음은 어디서 왔고 왜 왔을까? '내 마음 나도 모른다.'라고 하면 외부에서 왔을 수도 있을 것이다. 그래서 우리는 절대적 능력을 가지고 있는 신에게서 왔든지 아니면 하늘에서 왔다고 생각하는 것이 희망사항일 수 있다. 그리고 내부에서 왔다면 몸에서 실현되는 행동과 한몸일 수 있을 것이다. 이렇게 마음이 신에게서 또는 하늘에서 왔다면 몸은 어디서 왔을까?

몸이 하늘이나 신께서 창조하신 것이라면 마음도 그분께서 만들어 보냈을 수 있을 것이다. 마음이 몸과 함께 행동함으로 온 것이라면 마음은 내 것일 수 있지만, 외부에서 왔다면 남의 것이 될 것이고 그렇다면 당연히 죽었을 때는 남의 것을 돌려주어야 하는 것이 합리적일 것이다.

우리는 물벌레나 풀벌레가 잠자리나 나비로 탈바꿈하는 것임을 언제부터 알고 있었을까? 오래전에 어떤 철학적 이론이 형성되기 전에 또는 종교적 경전의 바탕이 형성되기 전에 탈바꿈의 이치를 알 수 있었을까?

2) 신수 마음론

:: 사람들이 마음론에 관심을 갖고 알려고 히는 것은 삶의 주체이고, 삶을 실현하는 행동을 마음이 주관할 수 있다는 데 문제의식이 있는 것 같다. 그래서 그것이 어디서 유래되었으며, 어떻게 형성되고 왜 우리에게 중요한지를 알고 싶어 하기 때문일 수 있다. 그렇다면 마음의 본질은 무엇일까?

마음을 신이 창조했다면 또는 신께서 보내어진 선물 같은 것이라면 매우 선하고 바람직하면서 모두에게 좋은 것일 수 있다는 전제가 있을 것이다. 만일 몸을 신께서 창조하신 것이라고 하면 당연히 마음도 신께서 주었을 수밖에 없을 것으로 인정된다 할 것이다. 만일 신께서 몸을 만들어 주시고 마음을 주시지 않았다면 몸을 지배하고 있는 마음을 설명할 수가 없을 수 있기 때문이기도 하다.

신께서 몸을 창조하셨다면 마음도 신께서 주셨을 수밖에 없는데 본능도 신께서 주셨을까 하는 의문이 있을 수 있다. 왜냐하면, 우리가 일반적으로 말하는 본능은 동물적 본능과 유사함이 있어 서로 구분될 수 없음이 있기 때문이다. 이러한 의문은 몸과 마음이 하나일 터인데 본능이 마음과 유사함이 있는 것 같아서, 사람의 존엄과 동물의 비천함이 서로 구분되지 않을 수 있는 불경함을 범할 수 있기 때문으로 볼 수 있다. 그렇다면 우선 마음과 본능은 유사한 동질성이 있는가 아니면 서로 다른 것으로서 비슷함보다는 서로 동떨어진 함께할 수 없는 성질의 것인가가 정리되어야 할 것이다.

우리가 흔히 말하는 본능을 동물적 본능이라고 표현하는 느낌에서도 본능은 동물과 같은 행동 유형이어서, 몸과 함께하는 것이 합리적이라고 생각할 수 있는 선입견 때문일 수도 있다. 본능을 생명체의 몸체와 비슷한 성질의 것으로 엮어두면 본능은 몸과 함께하는 것으로 이해할 수 있어지고, 그렇게 되면 몸이 창조되었다면 본능도 창조되어야 하는 함정에 빠질 수 있는 것이다.

몸과 본능과 마음이 하나로 엮어져서 신께서 선량함으로 창조하신 몸의 품격에 문제가 발생할 수 있어 신의 절대성에 흠으로 작용할 수 있게 되는 것이다. 신은 위대하고 절대적이고 잘못될 수 없는 존재인데 신성모독이 될 수 있어 난감해질 수 있기 때문이기도 하다.

우리는 신을 선량함을 주신 절대성으로 인정할 수 있는데, 본능과 마음이 유사한 동질성을 갖는다면 생존본능의 극악함도 마음에 담아서 설명해야 한다. 그렇게 되면 마음을 신이 주었다는 것에 문제가 발생하게 된다. 그러면 본능과 마음은 신께서 주실 수 없는 어떤 구조적 문제를 해결할 수 있어야 할 것이다.

그렇다면 몸은 신께서 창조하시고 본능과 마음은 신께서 개입하신 것이 아닌 자연물로써 처리해야 하는데, 본능과 마음이 우리의 몸에서 비롯된 행동으로 나타나는 것은 어떻게 할까 하는 의문에 빠져들 수 있다. 그리고 마음을 신이 주신 것이라면 그것은 내게 좋은 것일까? 모두에게 좋은 것일까? 이 질문에도 적당한 설명이 필요할 것이다. 만일 마음이 내게만 좋을 수 있다면 모두에게는 좋을 수는 없을 수도 있고, 모두에게 좋은 것이라면 그것은 본능도 이기심도 아닌 것이 되어 몸과 함께하기에는 서로 맞지 않음이 있을 수 있다.

　그렇다면 마음은 몸과는 동체화가 될 수 없는 성질을 갖고 있는 것으로 볼 수도 있을 것이다. 이렇게 몸과 마음과 본능의 비슷함을 합리적으로 설명할 수 없게 하는 무엇이 있다면, 마음에서 본능을 삭제해 버리면 마음은 몸과 함께할 수 있는 바탕이 될 수 있을 것이다. 그렇게 되년 몸과 마음은 신이 주었을 수 있어 몸과 함께 마음도 창조되었다고 설명할 수 있어질 것이다. 그렇게 되면 수명을 다하여 죽음을 맞을 때 마음은 신께로 돌아가야 하고 그것은 영혼일 수 있다. 그러면 마음과 영혼은 같은 것이 될 수 있는데 마음은 본능을 빼고 생각할 수 있을까 하는 문제가 있다.

　그래서 마음이 외부에서 왔다면 부모에게서 받은 몸과는 출처가 다를 수 있고 그렇다면, 마음은 남의 것이 되어 나를 통제하려 하는 어떤 힘으로 볼 수 있고 그것이 강요일 수는 없는 것인가?

3) 천명 마음론

:: 사람이라는 생명체를 동물로 보는 데는 많은 사람들이 동의할 수 있는 것으로 알고 있다. 그러나 사람과 동물은 너무도 다른 점이 많아서 같은 범주로 분류하는 것은 여러 가지 문제가 있을 수 있는 것이 현실이다.

그것은 사람은 높은 지능을 갖고 있어 모든 동물을 압도하는 능력 때문이기도 하고, 외적으로도 두 발로 걸으면서 넓은 시야를 갖는 점도 중요한 다름일 수 있지만, 두 손이 자유로워서 다른 물체를 손을 활용하여 무기화할 수 있는 능력이 피포식자에서 포식자로 신분적 위치가 바뀌게 된 것의 가장 중요한 다름일 수 있다.

이렇게 모든 생명체를 포식의 대상으로 삼을 수 있는 유일한 생명체이기 때문에 헤아릴 수 없는 수많은 종류의 동물과 같은 반열에 둔다는 것은 절대 유일의 포식자에게는 모욕적일 수 있을 것이다.

그래서 그들과 구별할 수 있는 다름을 설정하여 정립한 것이 사람이라는 인격으로 볼 수 있다. 이렇게 '피포식자 신분에서 유일의 절대적 품격으로 변신한 최고의 포식자를 어떻게 같은 유형으로 분류할 수 있을까?'의 어려움 때문에, 스스로 절대적 유일의 신분인 사람이라는 '종'으로 분류하고 '인격'이라는 품격을 부여하여 스스로 존엄해졌다고 선포한 것에서부터 문제가 발생했을 수 있다.

다른 동물들이 그것을 인정하여 추대한 것이 아니고 스스로 군림하므로 생긴 피할 수 없는 숙제가 사람에게 부여되었고, 그것을 제대로 풀어내지 못한 인간의 한계 때문일 수 있다. 그것은 벌레가 땅속에서 살다가 높은 곳으로 올라 탈바꿈을 위한 고치를 만들고 얼마 후 나방으로 세상에 다시 나온 것과 비슷할 수 있다.

어느 누가 나비를 풀벌레와 비교하려 할 수 있을까? 하늘을 무대로 하는 생명체와 땅속에서 또는 풀잎을 먹고 살던 흉측스런 벌레를 같은 생명체로 보는 것은 불가능할 수 있다.

이렇게 신분의 위치가 변해버리면 그것을 다르다고 구분해야 하고 그 다름을 무엇으로 설명하여 모두를 이해시켜야 하는데, 그것이 '사람'으로 이름 지어져 구분하는 '인격'이라는 다름이고 그 다름의 합리적 설명을 찾을 수 없어, 창조되었거나 최소한 월등한 능력만큼은 절대자가 주었을 것이라는 믿음을 모두가 동의함으로 생긴 숙제일 수는 없는 것일까? 풀벌레처럼 땅에서 살면서 다른 동물처럼 땅에서 나는 물질을 먹고 땅 위에서 함께 살고 있지만, 그 위대한 능력은 하늘에서 왔거나 절대적 힘을 가진 신께서 주었을 것이라는 자위적 변명 같은 것을 스스로 믿고 신봉하려는 의도는 없는 것일까?

지구상의 모든 이론과 질서를 사람들이 만들었기 때문에 다른 그 누구도 동의하지 않지만 스스로 그렇게 고집하는 것은 아닌지…? 아무튼 이렇게 사람과 동물이 너무도 달라져버려서 그들과 구분하는 형식으로, 하늘이나 신께서 창조하신 것으로 결정되어 버렸다면 그것은 누구의 책임일까? 사람은 최소한 창조되지는 않았더라도 몸은 땅 위에서 다른 동물처럼 살지만, 위대한 지적 능력은 하늘이 주었을 것이라는 것이 천명론의 근거일 수 있다.

몸은 창조되었든 또는 본래 땅 위에 살고 있던 동물이었든 관계없이 행동을 통제하는 마음은 하늘에서 왔을 것이라는 차별적 구분을 인정하자는 것이다. 그렇다면 하늘의 뜻에 따라 땅에서도 그 뜻을 실현해야 하는 것이 천명론의 기본적 다름일 것이다.

이것도 역시 마음에서 본능을 어떻게 할 것인가의 질문을 받았을 것이고, 그래서 마음과 정신을 분리하여 정신은 하늘에서 온 것으로 가닥을 잡았을 수 있다. 그렇게 되면 본능은 몸과 함께 본래 땅에서 있었던 것이고, 하늘에서 태어날 때 정신이 왔다면 죽은 후에 정신이 하늘로 돌아가는 과정을 영혼이라 설정하면 번거로운 문제가 해결될 수 있기 때문이다.

이렇게 하면 마음이 외부에서 왔다는 것을 설명할 수 없는 문제가 발생할 수 있다. 그래서 마음과 정신을 분리하는 이원적 설정이 생길 수밖에 없어 오랜 시간 학문적 다툼이 생겼을 수는 없는 것일까? 성리학에서 말하는 이기이원론과 이기일원론의 해석의 다름이 있는 것을 어떻게 이해하면 좋을까 하는 것이다.

동일한 물질이지만 얼음에서 물로 변하고 물에서 안개나 구름으로 변하는 '상변화'를 원시적 사고에서 어떻게 해석하느냐의 문제일 수는 없는 것일까?

4) 행적 마음론

　　　　　:: 우리는 벌레에서 나비로 변하는 탈바꿈의 과정에서 고치를 지어 자신의 모양을 볼 수 없게 하는 과정을 '상변화'로 볼 수 있을 것이다. 그리고 고체 상태에서 액체상태로 그리고 기체상태로 변하는 상변화도 외형은 완전히 달라졌지만, 물질의 본질이 바뀌지 않고 그대로임도 알고 있다. 물론 벌레에서 나방의 관계도 같은 것임을 이제는 알고 있는 사실로 받아들이고 있다.

아주 오랜 원시시대의 사람 모양을 한 동물이 불이라는 물질을 이용할 수 있어지면서 피포식자의 위치에서 포식자의 위치로 변화한 상황은, 외형의 변화가 없이 신분적 품격만 달라진 것을 마치 '상변화' 같은 현상으로 받아들였는지 모른다. 그래서 고치의 과정은 아무도 볼 수 없는 것이어서 그 비밀스러운 과정을, 신체적 창조로 생각하고 본질의 변화는 없는 것인데도 변해야 하는 것으로 인정하고 싶었는지 모른다. 원시인 또는 고대인의 탐구적 사고에서는 그것이 한계였을 수 있기 때문에 상변화의 과정을 '신화'화하여 후대에 전승되었는지도 모를 수 있다.

몸에서 행동이 실현되고 그 행동에서 감성을 유도할 수 있다면, 살기 위해서 움직이게 되고 움직이게 되어서 익숙·편안해질 수 있는 것을 잊어버리고 지난 것은 아닌지 살펴봐야 할 것으로 본다. 그것은 앞에서도 논했던 것처럼 행동관성에서 심리관성이 유도되어 행동이 정서로 변이되는, 보이지 않고 알 수 없는 영역을 '고치'라는 비밀 속에 가두어 두고 들여다보려 하지 않은 것은 아닐까?

생명에서 행동이 나오고 행동에서 감성이 스미어 나와 오랜 세월 세습되면서, 정서적 감성이 중첩되고 쌓여서 압력으로 작용할 수 있어진 것을 마음의 형성과정으로 이해할 수는 없을까? 오래전 선사시대 우리가 알 수 없는 탈바꿈이나 상변화 같은 현상을 거쳐 몸이 진화될 수 있었다면 마음도 몸과 함께 수천만 년에 걸쳐, 수백만 세대를 거쳐 너무도 익숙한 행동들을 반복하는 과정에서 익숙함의 편안함이 행복함으로 변이되듯이, 정서와 감성이 마음으로 전이되는 상변화가 있었던 것으로 볼 수도 있을 것이다. 그렇게 되면 몸과 마음은 동일체가 되어 몸이 시키는 것이 본능이나 마음으로 느껴질 수는 없는 것일까를 살펴보는 여유가 필요할 수 있다.

우리가 살면서 가장 필수적인 에너지 조달을 먹는 것으로 충당해 왔을 것이다. 그렇다면 먹지 않으면 우리는 존재하지 않을 수 있을 것이다. 그래서 살기 위해서 '먹고 싶다'는 감정이 생겼다면 그것은 몸에서 비롯된 것일까? 아니면 마음에서 또는 본능에서 그렇게 느껴지고 명령된 것일까? 하는 것이다. 그리고 넉넉히 먹어서 배가 불러 포만감을 느꼈다면 먹고 싶은 생각이나 마음이 없어졌을 것이다.

먹고 싶지 않은 감정과 생각은 몸이 시킨 것일까? 마음에서 비롯된 것일까에 합리적인 답을 내놓을 수 있어야 할 것이다. 우리가 포식자가 되어 인격이라는 다름을 얻기 전에는 동물이었을 것이다. 그렇다면 피포식자일 때 살아남기 위해서 습관화된 행동들은 기능화·본능화되었을 것이고, 사람으로 구분되어 인격이 부여되어 포식자가 되었을 때는 살기 위해서 피포식자 시절처럼 무조건적, 즉시적으로 행동할 필요가 없어졌을 수 있다. 누구도 우리를 포식할 수 없어졌다면 여유롭게 천천히 어떻게 대처하는 것이 유리할 것인가를 생각하면서 하는 행동들이, 수많은 세월을 지나면서 습관화되어 익숙해지고 편안해져서 행복해질 수 있다면 피포식자 시절의 기능적 본능적 행동과 다름이 있을 수 있을 것이다.

이렇게 여유와 생각을 가지고 습관화되어 감성화한 행동들에 의해 정서적 감성이 쌓여 형성된 심성은 본능과는 서로 다름이 있어야 할 것으로 본다. 이렇게 피포식자의 습성과 포식자가 된 후의 습성은 다를 수 있는 것이 합리적 추론일 것이다.

동물의 시절을 인정하지 않으면 본능적 행동은 이해할 수 없는 영역이 될 것이고, 피포식의 '동물기'에서 포식의 '인격기'로 진화·변이한 것을 인정하면 본능과 본성을 구분할 수 있을 것이다. 인류의 진화 과정에서 '동물기'를 삭제해버리면 본능과 유사성을 가지고 있는 마음을 실명할 수 없어질 수 있을 것이다.

행동하는 대로 마음이 움직여질 수 있다면 행동과 마음은 비밀스러운 '상변화'의 고치과정을 통해 본질이 같은 것으로 볼 수는 없는 것인가?

4

초습관화

1) 습관화

:: 우리는 일상생활을 하면서 수없이 많은 행동을 하고, 그러한 행동 중에 삶에 꼭 필요하고 생활에 도움이 되는 행동들은 자주 할 수밖에 없을 것이다. 우선 그러한 행위가 삶에 필수적 행동이라는 것과 그 행동을 함으로 나의 생활에 유익하여 앞으로 삶에서 많은 혜택이나 유리함이 있을 것으로 보기 때문이다.

그리고 그러한 습관 때문에 일상에서 좋은 결과를 얻었다면 남들의 입장에서도 본받고 싶은 행동유형일 수 있을 것이고, 그러함으로 자신이 더욱 돋보일 수 있고 여러 사람의 관심을 받을 수 있다면 그러한 행동은 계속할 수밖에 없을 것이다.

이렇게 나의 삶과 일상에 많은 도움이 되어 여러 사람의 부러움을 살 수 있다면 그러한 습관은 매우 바람직한 유형의 행위가 되고, 그것은 더욱 반복할 수밖에 없는 여건이 조성되었다고 볼 수 있다. 이렇게 남들의 부러움이 될 수도 있고, 나의 자존감을 높여줄 수 있어 보람됨을 느낄 수 있는 행동은 끊임없이 반복될 수 있는 필요조건과 충분조건을 갖추었다고 볼 수 있다.

이러한 조건들에 의해 지속되는 행위는 나라는 개체가 살아있는 동안에 계속할 수밖에 없고 또 왜 지속되는지의 특별한 느낌이나 생각 없이 반복되므로, 다른 개체가 보기에는 나로 정의될 수 있는 어떤 행동유형일 수도 있을 것이다.

이렇게 그냥 반복될 수 있는 행위를 습관화라 할 수 있다. 그리고 이러한 습관이 나에게도 유리하지만, 후대의 자손들에게도 유리할 수 있고 또는 부모나 조상들의 생활에서도 유익한 행동들이었다면 시대와 세대를 초월하여 씨족이나 부족 구성원 모두가 같은 행동을 했을 수 있어 이러한 행동의 습관화를 모든 조건을 초월하는 습관화라 하여 '초습관화'로 설명할 수 있을 것이다.

이렇게 어떤 행동이 습관화되어 지속되면 삶에 여러 가지 도움이 될 수 있고, 자존감에도 긍정적인 효과를 줄 수 있어 더욱 잘하고 싶은 충동이 생겼을 수 있다. 이런 긍정에서 비롯되는 행동습관은 반복할수록 호감이 생기고, 지속할수록 자존감을 높여줄 수 있어 행동과 감성이 서로 상승작용을 할 수 있는 상호 지원적 효과를 가져올 수 있고, 더욱 오랜 시간 또 많은 세대로 계속될 수 있는 유인효과가 작용했을 것으로 볼 수 있다. 이러한 현상은 습관화가 정서화를 유도하여 반복될수록 습관화와 감성화가 순환되는 것처럼 느껴질 수 있어 행동과

정서가 함께 일어나 짝지음 된 것처럼 인식될 수 있어질 것이다.

이렇게 어떤 행동유형이 반복되다가 일상의 여건이 변하면 일시 중지할 수도 있을 것이고, 그러다가 또 그러함이 필요해지면 다시 같은 행동유형이 나타나는 것을 중복이라고 할 수 있을 것이다. 여러 가지 행동유형이 생활에 유익하고 필요하다면 반복되다가 일정 시간 중지되기도 하고, 또 중복되어 반복되는 끊겼다 이어졌다 하는 단속적 그리고 연속적 행동으로 이어지면서 단속적 습관화와 정서화가 중복되어 연속적 관성으로 이어질 수 있어지면 정서화가 더욱 짙어져서 감성화 영역으로 발전할 수도 있을 것이다.

이러한 진행과정이 익숙해져서 여유가 생기게 되면 스스로 편안함을 느껴질 수 있어지고, 더욱 진척되어 그러함을 즐길 수 있는 호감이 생길 수도 있고, 때에 따라서는 행복감을 느낄 수도 있어서 그러한 행동을 더욱 하고 싶어지는 충동 같은 것으로도 발전할 수 있을 것이다. 이렇게 익숙함의 우월감이 자존감으로 작용하여 행복함에 의한 충동을 받게 되는 과정은 보이지는 않지만 습관적 움직임이 정서를 자극하고, 그것이 또 습관을 충동할 수 있으면 그러한 행동을 하도록 심리적 압력으로 느껴질 수 있다.

이러한 충동이 압력처럼 등 떠밀면 결국 행동하도록 자극하게 되고, 그렇게 습관적 행동이 반복·중복될 수 있는 에너지를 정서적 충동의 압력에 의해 공급되는 것은 아닌지 의심될 수 있을 것이다. 이런 현상은 눈으로 볼 수는 없는데 움직임이 느껴지는 물과 바람같이 밀도나 압력으로 움직이는 현상과 비견될 수 있어, 습관적 반복횟수가 많아지면 그것도 밀도처럼 작용하는 압력화로 진전되어 정서적 충동이 에너지화로 변이되는 것으로 느껴질 수도 있을 것이다.

이렇게 심리적 압력이 물리적 중력처럼 느껴지는 습관적 행동유형은 지속될수록 물체의 운동에서 볼 수 있는 관성 같은 것으로 작용할 수 있을 것이다.

2) 세습 습관화

:: 같은 행동을 세대를 초월해서 반복하는 것을 '세습 습관화'라고 할 수 있다. 세습을 시켜준 세대는 삶에 유익함이 있거나 일상생활에 도움이 될 수 있는 습관일 수 있지만, 세습을 받는 세대는 그것이 삶과 일상에서 어떤 유익함이 있는지를 모르고 부모들의 행동을 보고 무조건적으로 따라 했을 수 있다. 물론 그것이 다음 세대의 삶에도 도움이 되었으리라고 예측할 수는 있지만, 당사자는 알 수 없는 상태에서 자신의 생활습관으로 고착되어갈 수 있는 우려가 있다.

이렇게 두 세대 이상의 시간에 걸쳐 습관화된 행동이라면 당대의 새로 생긴 습관의 유형과는 다름이 있을 것으로 보인다. 즉 부모세대는 그것이 필요가 있었지만, 자녀세대는 필요와 무관하게 형성되어 자신의 행동주체가 되어버릴 수 있는 가능성이 있기 때문이다. 그래서 한 세대 또는 당대의 필요에 의해 다른 이의 행동형식을 보고 배워진 습관과는 실행의 무게가 다른 것으로 본다.

그것은 상하 두 세대에 걸쳐진 습관으로 행동의 무게가 쌓여서 세대별 단위무게화할 수 있는 압력으로 느껴질 수 있음에서이다. 이러한 행동은 부모를 보고 따라 하는 것이어서 어떤 두려움이나 불편함 없이 실현될 수밖에 없는 조건을 가지고 있어 그렇게 하면서 편안함과 행복함을 느낄 수도 있을 것이기 때문이다.

그것은 모성 사랑의 포근함 속에서 이루어졌고, 그러함으로 모성 행복을 느낄 수 있다고 하면 행동의 반복이 모성과 교감하는 과정으로 받아들일 수 있음에서이다. 이러한 경험은 자신의 삶에서 가장 행복했던 시간으로 기억될 수도 있고, 왜 했는지는 알 수 없는 것이지만 마음의 고향 같은 모성흔적으로 남았을 수 있는 것이다.

이렇게 세습되는 습관화는 습관적 행동의 일반적 관성에 더하여 세대 간 중첩이라는 특이성이 있어, 부모의 사랑에 대한 무게만큼의 압력성으로 받아들여지고 자극될 수도 있기 때문이다. 세습 습관화는 옳고 그름을 구분할 수 없을 때 형성되어 그것이 내가 한 나의 모습이라고 판단될 수 없는 구조적 원인을 가지고 있다. 이러함을 나는 느낄 수 없지만 남들은 모두 알 수 있는 행동유형이어서, 나의 바탕 배경 같음으로 인정될 수도 있고 세습에 따른 부모들의 흔적 같은 것으로도 느껴질 수 있을 것이다.

이런 현상을 '배경화' 또는 '자기화'로 표현할 수 있는 것으로 부모의 흔적이 나에게 남아있는 것으로도 볼 수 있어 '흔적복제' 같은 것으로 설명될 수 있을 것이다. 이러한 흔적복제는 세대가 중복될수록 습관이 수직으로 쌓여가는 것으로도 볼 수 있어 압력에 의해 나도 모르게 실현되는 충동의 에너지원이 될 수도 있다는 것이다.

그러한 의미에서 세습 따라 하기를 나의 행동이 형성되어가는 과정으로 보아 '형성 따라 하기'로 볼 수 있어 나 자신의 본디 모습화할 가능성이 있다. 특히 모성 교감에 의한 '모성 따라 하기'는 나는 따라 행동이지만, 그것이 세습이고 나를 형성하는 모습이 되어 그렇게 나로 정의되어 갈 수 있다.

나를 제외한 남들은 모두 나의 행동을 보고 그 행동의 주체를 나로 판단하려 하기 때문에, 나는 알 수 없는 상태에서 나로 배경화되어 선대의 모습이 회귀하는 것처럼 보일 수도 있는 것이다. 이렇게 판단 없이 따라 하는 것을 세습이라고 하여 후대의 배경적 흔적으로 회귀할 수 있지만, 고려의 능력이 있는데도 여럿이 따라 하면 공유적 관행이 되는 것이다.

세습은 여러 세대에 걸쳐 오랜 시간 동안 씨족 또는 부족에 의해서 많은 사람들이 행동한 유형이지만, 단일세대의 많은 사람들이 따라 하는 관행은 시간적 관점은 다르지만 같은 행위를 한 사람의 숫자는 많음으로 공통성이 있다. 그래서 공유적 행동은 공감이라는 정서가 생길 수 있듯이 세습이라는 행동은 모성 교감이라는 공유를 통해 정서화되고 감성화되는 것으로 볼 수 있다.

이렇게 어떤 행동이 하고 싶어서 하면 호감이 생겨서 정서화로 진전될 수 있는데, 하기 싫은데도 해야 하면 그러한 습관화는 기능화로 변이되어 행동 후 자존감보다는 스트레스로 작용할 수도 있을 것이다. 그래서 본능적 행동은 상황에 따른 기능적 반응으로 볼 수 있는데, 본능적으로 생각 없이 대응한 것이 지나고 나서 후회 같은 것이 생길 수 있는 것과 같을 수 있다.

세습은 혈연적 동질집단으로 많은 사람들이 공유하는 행동일 수 있어 안 하면 그들로부터 다름에 대한 거부감 같은 것이 압력으로 작용할 수 있다.

3) 초세습관화

:: 습관화가 세습되려면 여러 세대의 가족 구성원이 함께 살고 있어야 가능하고 최소한 함께 살지는 않았더라도 함께 산 것이 확인되고, 그러한 습관이 있었다는 것이 증명될 수 있는 경우의 세대 간 지속된 습관을 '세습 습관화'로 볼 수 있을 것이다.

그렇다면 통상적으로 가족 구성원이 함께 살 수 있는 세대는 할아버지에서 손자로 구성된 3세대는 누구나 확인될 수 있는 가족구성으로 보고 직접 습관적 행동에 영향을 받을 수 있을 것이다. 그러면 할아버지나 할머니께서도 그분들의 할아버지께서 영향을 받았을 수 있고, 그 할아버지가 윗대 할아버지께서 그러한 습관이 있었다고 말로 전해 주신 어떤 행동이 있었다면 그것도 세습 전승된 행동유형으로 확인할 수 있을 것이다. 세습 습관화는 그런 점을 고려할 때 3~5세대 또는 100~150년간 지속된 습관으로 확인할 수 있을 것이다.

그렇다면 그 이상의 세대와 시대가 지나도록 계속되는 습관이 있다면 무엇으로 설명할 수 있을까? 물론 세습을 확인할 수 있는 세대나 기간을 지나 계속 중첩되어 지속되었을 수 있어 모두를 세습으로 볼 수도 있으나, 확인은 불가능하지만 선대부터 지속되었을 것으로 보는 습관적 행동유형을 시대와 세대를 초월했다고 해서 '초세습관화'로 표현하여 설명할 수 있을 것이다.

이렇게 세습된 것으로 추정은 되나 확인할 수 없는 습관적 행동을 모두 '초세습관화'로 뭉뚱그려 표현할 수밖에 없는 기간의 모든 시대를 관통하는 습관화를 말할 수 있다. 그렇게 되면 당대 또는 나 한 사람의 '습관화'와 3~5세대의 세습을 확인할 수 있는 '세습 습관화' 그리고 지속기간을 알 수 없는 '초세습관화'로 분류될 수 있을 것이다.

이렇게 시대와 세대를 초월해서 삶에 유용한 행동유형이라면 그 오랜 기간의 익숙함과 편안함으로 정서화 감성화 단계를 지나 심성화, 인성화로 전이되었을 수 있을 것이다.

세습 습관화가 익숙함을 넘어 '나'로 정의될 수 있는 행동유형으로 배성화되었다면, 세대를 중첩할수록 모든 세대에 바탕 흔적으로 작용하여 세대누적에 따른 중첩된 무게만큼의 압력으로 작용했을 것이다. 세습 습관인 '모성 따라 하기'는 자기화되어 자신으로 형성되는 것이어서 일반적 습관화보다 자신이 느낄 수는 없지만, 매우 높은 압력으로 심리를 자극하고 그렇게 하도록 충동했을 수 있을 것으로 본다.

세습도 씨족이나 부족사회에서 보면 혈연적 관계는 세습이지만 전체부족의 입장에서는 관행으로 볼 수 있을 것이다. 이렇게 같은 세대 대부분의 사람들이 비슷한 행동을 할 수 있어지면 이것은 사회적 압력으로 작용할 수 있어지는 관습화로도 진행할 수 있어져서, 그 압력의 무게가 매우 높아져 물리적 중력과 같은 심리적 부담이 되었을 수 있다.

이러한 압력의 축적과정이 불을 얻어 사람으로 인정할 수 있는 인격기부터 세습되면서, 압력은 그 세습중첩의 무게로 압축화되었을 수 있고 그러함에 의해 인성화를 지나 본성화할 수 있는 에너지로 작용했을 수 있다고 본다.

[표: 2] 반복 중첩의 자극과 충동

구 분	행동관성이 심리관성과 짝지음 과정					비 고
행동과정	반복	중복	중첩	세습	초세습	관성화
심리영향	익숙함	편안함	행복함	압력화	에너지화	심성화

이렇게 어떤 습관적 행동이 같은 세대 모든 사람들이 관행적으로 할 수 있어지면 그것은 다음 세대로 세습되면서 관습화될 수밖에 없고, 그것이 규범화로 진행하는 과정이 압력과 압축의 에너지로 축적될 수 있어질 것이다. 이러한 것이 사람으로서 당연히 해야 하고 할 수밖에 없는 도덕이나 규범 같은 것일 것이고, 이것은 사람으로서의 최소한의 품격으로도 보일 수 있어 '인격'이라는 이름으로 모두를 규제하는 새로운 강요로 작용할 수 있다. 이러한 사람으로서의 행동유형과 행동의 외형적 '틀'을 정해놓고 그 기준에 적합하도록 강요하는 것을 '인격'으로 볼 수 있어 이것을 '2차 강요'라고 하고, 사람이 생명체로 살아갈 수 있으려면 먹어야 하고 살기 위하여 선택하는 행동 등 살아있기 위한 존재적 압력을 '1차 강요'로 분류할 수 있다.

즉 '1차적 강요'는 움직이는 생명체가 살아있기 위한 본질적 문제라면 '2차적 강요'는 그러한 생명체가 함께 살아가기 위한 구조적 편익의 문제일 수 있다.

4) 시원초 습관화

:: 사람이 생명체로서 땅 위에 존재하면서 부터 생존을 위해 할 수밖에 없었던 행동들이 습관화로 축적된 행동 유형을 '시원초 습관화'라고 한다.

사람이라는 인격이 부여되기 전의 피포식자로서의 생명행위로 이루어진 습관으로, 불을 얻고 무기를 활용할 수 있어져서 포식자로 변이하기까지의 행동유형이 정착되어 가는 과정일 수 있다. 수백만 년 또는 수십만 년 이상 반복된 행동유형으로 불을 이용할 수 있는 능력이 생기기 이전의 행동 패턴(pattern)으로 볼 수 있기 때문이다.

사람의 형상을 하였으나 사람으로 정의되기 이전의 생활상으로 최초의 조상으로부터 시작된 행동이 세습화·관습화된 행동으로, 너무 오랜 기간 비슷한 또는 같은 유형의 행동을 반복하면서 기능화 자율신경화한 행동유형일 수 있을 것이다. 이렇게 피포식자로서 험난한 지구환경에 적응하고 포식자를 피해 살아남으려면 대부분의 행동유형이 생존과 관계되는 생명행위의 반복과 세습으로 추정할 수 있을 것이다.

생명행위라고 하면 최우선적으로 먹어야 할 것이고, 그리고 포식자로부터 살아남으려는 행위가 가장 중요한 행동형식으로 습관화되었을 것이다. 만일 그렇지 않고 먹는 것을 게을리하여 포식자의 사냥행위에 대피할 수 있는 힘과 능력이 없었다면 현재까지 지구상에 존속할 수 없었을 것이기 때문이다. 그리고 혈연적 가족이나 끼리 동료 또는 관심 있는 이성이라 하더라도 포식자에게 쫓김을 당할 때는 도와줄 수 없는 상황이 되어, 우선 내가 살아남아야 하는 도저히 이해할 수 없는 일들이 벌어져도 모든 것을 잊고 살아남기 위해 모든 선택을 할 수밖에 없는 행동유형의 습관화로 볼 수 있다. 이러한 기능적 행위는 너무도 반복되어 익숙함을 넘어 자율신경화하지 않으면 살아남을 수 없는 생명 행위로 형성되었을 것은 너무도 당연할 것으로 본다.

그렇다면 그러한 습관이 축적되어 자율신경화·기능화될 수 있는 기간은 얼마나 될까? 생각할 수 있을 것이다. 사람이 창조되었다면 창조된 후 불을 얻어 포식자가 된 때까지의 시간적 기간일 것이고, 진화되었다면 두 발 걷기를 시작하여 숲속에서 들판으로 나왔을 때부터 무기를 활용해서 포식자로부터 긴급대처 또는 저항할 수 있는 능력이 생길 때까지의 기간 또는 불을 얻어 절대적 우위를 확보하는 최고 포식자로 변환될 때까지의 시간적 기간 동안의 습관화된 행동유형일 것이다.

그리스 신화에서 인류가 지상에 존재하면서부터 '프로메테우스'에 의해 불을 얻을 때까지로 볼 수 있지만, 그 기간을 특정할 수 없는 매우 오랜 시간적 관계임을 알 수 있을 것으로 본다. 이런 기간의 행동유형은 기능화·본능화되어 즉시적으로 대처할 수 있는 능력이 생기지 않으면 생명으로 존재한다는 것을 예상할 수 없을 것으로 본다. 그래서 모든 행동유형은 포식자의 사냥을 피하려는 행동으로 그리고 나만 살아남으려는 행위로 습관화될 수밖에 없었을 것은 너무도 명확해질 수 있다.

그러나 이런 행동유형은 포식자의 강요에 의해 생긴 행동방식으로 스스로 선택할 수 없는 타의가 지배하는 강요된 행동으로 볼 수 있어, 살려는 의지는 스스로 실현되는 자의적 발상으로 볼 수 있으나 결과는 포식자의 강요로 생명의 억압으로 생긴 행동유형으로 습관화가 반복, 세습, 중첩되었을 것이다. 그렇다면 이렇게 삶의 행위를 타의가 지배하고 스스로 선택할 수 없어지는 기간은 얼마나 되었고, 그동안 기능화되고 즉시화된 행동습관은 어떤 것이 있을까? 만일 내가 피포식자의 입장에서 포식자로부터 살아남으려면 어떤 행동을 했을까?

그것은 사람으로는 선택할 수 없는 '동물적 본능'에 의한 생존행위로 볼 수 있을 것이다. 그리고 그러한 습관은 불을 얻은 후의 사람으로서 행동이 습관화된 시간의 길이와 피포식자인 동물로서의 습관화된 시간의 길이는 어떻게 비교할 수 있을까? 또 피포식자로서의 습관이 형성된 시간의 길이가 사람으로서 형성된 습관의 시간적 길이보다 비교할 수 없는 기간적 차이가 있다면, 두 가지 습관화 행동유형 중 어떤 것이 우선적으로 선택되어 행동할 수 있도록 습관적 행동이 기능하게 될까?

이러한 질문은 창조되었다면 해답을 찾기 쉬워질 수도 있으나 창조된 후 불을 얻기 전의 시간적 길이와 불을 얻어 절대 포식자가 된 후의 시간적 길이가 비슷할 경우, 어떤 습관적 행동유형이 선택되어 실현될 수 있을 것인가도 궁금해진다.

제2장

관성의

형성

1

선인격기 초습관

1) 쫓김 환경

　　:: '선인격기'라고 하면 사람이 인격이 부여되기 이전의 기간으로 동물의 형태를 한 시대에 형성된 습관적 행동을 '선인격기 초습관'이라고 할 수 있을 것이다. 이 시기는 사람의 형태는 하였으나 피포식자로서 다른 동물들과 생존경쟁을 하고 있었던 시기일 것이고 숲속 정글에서 초원으로 진출한 시기로 볼 수 있다.

　숲속 생활은 두 발 걷기를 하는 직립의 동물에게는 삶에 상당한 불편이 있었을 것으로 보인다. 숲속 생활은 네발을 활용하여 나무 위를 생활무대로 하여야 하는 시기여서, 두 발로 서면 나뭇가지에 걸려서 오히려 불편할 수 있고 지상으로 내려와도 서서 활동하는 형태가 이동이나 대피에는 오히려 불편함이 있었을 것이다.

그러나 어떠한 원인에서인지는 몰라도 숲속에서 살아갈 수 없는 상태가 되어 초원으로 밀려났다고 볼 수 있을 것이다. 이러한 한계를 극복하고 초원의 들판으로 나올 수밖에 없는 요인에 의해 초원의 포식자와 맞닥뜨려지는 상황은 생존의 극한으로 내몰리는 피할 수 없는 상황이었을 것이다. 초원의 들판은 두 발 걷기가 시야의 넓음이 장점으로 작용했을 것이나 키 높이의 노출 때문에 포식자의 표적이 될 수 있어 좋은 점과 나쁜 점이 동시에 작용하는 어려움에 처했을 수 있다. 물론 숲에서 초원으로 나오는 경계위치는 군상 또는 단목상의 수목들이 초원에 산재되는 지역을 지나 더 넓은 들판으로 시야가 확보되는 위치에서는 포식자로부터 대피할 수 있는 공간은 나무 위밖에 없었을 것이다.

이렇게 초원의 생활과 나무 위의 생활이 반복되고 초원에 익숙해지면서 나무 위에서 넓은 초원을 볼 수 있는 더 넓은 시야 확보는 많은 것을 느끼게 하고 새로운 것을 깨닫게 하는 요인으로도 작용했을 것이다. 먹고살기 위해서는 나무 위에서 내려와야 했고 포식자로부터 살아남기 위해서는 다시 나무 위로 올라올 수밖에 없는 숲과 초원의 과도기적 생활은 많은 행동의 변화가 불가피했고, 새로운 행동이 습관화되는 데 굉장한 어려움도 있었을 것이다.

나무 위에서는 들판으로 내려가 먹을 것을 구해야 하는 부담에 시달렸을 것이고, 들판으로 내려오면 초원의 풀잎들이 시야를 막아 위험에 노출되는 상황의 반복은 심각한 스트레스이면서 두려움으로 공황상태를 맞아야 했을 것이다. 동물로서의 삶은 대부분의 시간을 먹이활동에 활용하는 것이 일반적이어서 살려고 먹이를 찾아가면, 포식자가 기다리고 있는 상황이 되고 주변을 살필 여유도 없이 무조건 도망칠 수밖에 없는 긴박한 일상이 반복되어 다른 생각을 할 겨를이 없었을 것이다. 이러한 과정은 가족이나 동료를 생각할 겨를이 없이 위험한 상황이 되면 살려는 절박함으로 다른 모든 것을 잊어야 하는 타의의 질서가 지배했을 것이다.

이 시기의 환경은 언제나 쫓김 환경이어서 오직 행동만 필요했고, 삶의 절대가치도 생존일 수밖에 없었다. 내가 죽을 수 있는 것은 모두가 죽을 수 있는 환경이어서 죽으면 멸종으로 내몰리게 되는 환경에서는 내가 살아남는 것이 모두가 살아남을 수 있는 행동요령으로 습관화되어 갈 수밖에 없었다. 이러한 쫓김 환경은 부모나 자녀의 살육으로 혈연관계가 파괴되어도 어떠한 대응도 할 수 없는 우선 살아남아야 하는 참담함의 극한으로 내몰리고 있었다.

이 시기는 포식자의 시기였고, 피포식인 동물에게는 모든 질서가 타의에 의해 돌아가는 어떠한 자유가 용납되지 않았던 극한의 환경으로 볼 수 있다. 함께하던 혈연의 가족무리가 쫓김에 의하여 뿔뿔이 흩어지는 무리의 파괴를 수용할 수밖에 없었고, 자신을 위한 한가함이나 여유는 불가능한 조건일 것이다. 그것은 두 발 걷기의 대피과정은 네발 짐승들보다 불리함이 있었고 큰 키는 나뭇가지나 덩굴에 걸려서 넘어질 수 있는 심각한 위험을 가지고 있었기 때문이다.

이 시기는 오직 살아야 하는 일념으로 살아남은 것을 행운으로 여겨야 했기 때문에 이웃을 생각하는 것은 꿈같은 희망이었을 수 있다. '이러한 고통을 벗어나고 가족과 행복할 수 있는 욕구와 희망은 왜 두 발이 되어 고난을 감당해야 할까' 또는 '왜 두 발에 의한 넓은 시야는 안전한 삶에 도움이 될 수 없을까?'의 꿈같은 욕구를 갈망하게 되었다. 포식자가 되느냐 피포식자로 영원히 절망적으로 사느냐의 갈등과 욕구가 나무 위 짧은 대피시간의 찰나를 끝없는 초원의 들판을 살피면서 방법이 찾아지기를 희망했을 것이다.

2) 생명본능

　　　　　　　:: 초습관이라는 것은 처음 해보는 습관일 수도 있지만, 시대와 세대를 초월하여 끊임없이 그렇게 행동할 수밖에 없는 습관적 행동인 초습관화도 '초습관'이라 할 수 있다. 그것은 처음 했을 수 있는 습관직 행동이면서 지금도 끊임없이 지속될 수밖에 없는 생존필수적 행동유형일 수 있다.

그러한 행동유형은 언제나 그렇게 할 수밖에 없는 어떤 원인 같은 것이 있었을 것이고, 늘 그렇게밖에 할 수 없었다면 그것은 '중독'과 같은 것일 수도 있을 것이다. 중독에 의한 행동들은 의식할 수 있는 충분한 능력이 있는데도, 늘 그렇게밖에 할 수 없는 자동집행과 같은 행동유형으로 고칠 수 없는 습관과 같을 수 있기 때문이다.

이렇게 중독과 같은 습관이 있고 그것이 초습관화 되어 세습된다면 이것은 영원히 벗어날 수 없는 행동유형이 될 수도 있고, 그래서 모든 세대가 같은 행동을 선택할 수밖에 없는 행동으로 관성화되었을 것이다. 이렇게 중독된 것처럼 의식적 통제가 불가능할 수 있고 자동적으로 선택되는 행동은 생명체 그 자신의 생명본능일 것이다. 그것은 생명체가 죽으면 생명이 아니기 때문에 죽으면서까지 지켜야 하는 것이 생명우선 행동일 것이다.

이렇게 보면 생명우선 본능은 모든 생명체, 모든 세대, 모든 시대에도 변함없이 적용될 수밖에 없는 순환적이고 회귀적인 행동습관이며, 그것은 영원히 회귀할 수밖에 없는 생명유지 행위일 것이다. 이러한 초습관적 행동은 자동반복의 중복과 중첩으로 영원히 기능할 수 있는 본능적 행동습관으로 전이할 수밖에 없을 것이다.

생각을 할 시간적 여유가 있으면 다양한 행동의 선택이 가능할 수 있지만, 피포식자로서 쫓김의 환경이라면 어떻게 행동할까를 생각하다 보면 죽을 수 있는 야생에서는 우선 살아야 하는 것이 최선일 것이기 때문이다. 이러한 생명우선 행위가 수백만 년 초월적 습관으로 선택되어 지속되어 왔다면, 그것은 기능화 과정을 지나 자율신경화되지 않으면 현재까지 존속할 수 없었을 것이기 때문에 본능화되었다고 할 수 있다.

그래서 그러한 행동유형을 생명본능이라고 할 수 있고 언제나 선택될 수밖에 없는 생명체의 숙명적 습관으로 고착될 수밖에 없는 회귀적 습관화일 것이다. 피포식자로서 쫓김 환경이 아니면 다른 행동을 선택할 수도 있었고, 여유를 가지고 어떤 행동유형을 선택하였다면 스스로 선택한 행동이 선택한 목적의 성과를 이루었다면 성취감 같은 것이 생겼을 것이다.

그것은 처음 해보는 행동이었기 때문에 그렇게 선택한 결과가 바람직했다면 자존감과 자긍심 같은 것이 생겼고, 다음에 또 그러한 상황이면 같은 행동을 하는 것이 좋을 것이라는 유혹 같은 믿음이 생겼을 수 있다. 이러한 감정은 정서화 과정으로 볼 수 있어 아무 생각 없이 무조건적으로 하는 기능적 행위와는 다른 습관화 과정이 될 것이다. 이런 유형이 초습관화되면 감성적 느낌이 중복되면서 심성화로 전이할 수 있을 것이다. 아무튼 생명체가 선택할 수 있는 보편적 필수적 행동유형은 생명우선 본질인 살아있음일 것이다. 그것은 살아있지 않으면 생명이라는 본질은 상실되어 없어지는 것이어서 더 이상 생명체가 아니기 때문에 자기부정과 같은 결과를 낳기 때문이다.

이렇게 살기 위해서 하는 행동은 본능화·본성화할 수 있을 것이고, 행동하지 않으면 죽을 수밖에 없는 상황이라면 그러한 행동습관은 즉시화, 무의식화, 무조건화될 수밖에 없다. 부모·자식이라는 혈연적 도리나, 친구적 신뢰나, 이성의 사랑 같은 것은 고려할 수 없는 절대의 자연섭리 같은 것이 생명우선의 변함없는 본질이기 때문이다.

그래서 선인격기를 힘의 시대, 본능의 시대라 할 수 있고 변함없는 본질적 본능이 형성되는 시대라고 볼 수 있다. 이러한 동물의 시대에는 살아남기 위한 열망은 모두가 이루고 싶은 희망사항일 수 있을 것이다. 이러한 갈망이 포식자와의 위치교환을 바랐을 수 있고, 그렇게 되면 죽음의 공포와 두려움을 벗어날 수 있을 것으로 상상했을 수 있을 것이다.

포식자와의 위치 바꿈의 희망은 갈망을 넘어 증오로 가슴에 응어리져 벗어나고 싶은 원한이 되고, 두 발 걷기의 다름을 왜 주었을까? 그리고 두 손의 용도를 찾기 시작했을 것이다. 시야의 넓음을 활용·응용한 두 손의 사용은 도구의 무기화와 불의 이용 가능성을 상상할 수 있었을 것이다.

3) 망각기능

:: 피포식자의 시대로 쫓김의 환경이었다면 살아남는 것이 본능적 중독 같은 것으로 무조건화, 즉시화되어 다른 생각은 사치로 여겨졌을 것이다. 이러한 환경에서는 누군가 죽어야 다른 누군가가 잠시 편안해질 수 있는 회귀적 순환이 반복될 수밖에 없고, 그렇다면 죽을 수 있는 누군가는 누구일까?

피포식의 생명체 중에 건강한 개체가 죽을 수 있는 여건이라면 그러한 동물종은 멸종했을 것으로 본다. 건강한 개체가 살아남을 수 없는 상황은 병들었거나, 다쳐서 회복 중이거나 또는 늙었거나 아니면 아직 성장하지 못한 어린 개체일 경우에는 더욱 생존이 불가능했을 것이기 때문이다. 이렇게 어린 개체가 살아남을 수 없는 여건은 멸종으로 가는 지름길이었을 것이다.

멸종되지 않고 살아남아서 현재까지 종족을 보존했다면 당연히 건강한 개체는 살아남을 수 있었을 것이다. 물론 건강한 개체라 하더라도 포위되어 함정에 걸려들었거나 지형적 막다른 위치로 몰리었다면 어쩔 수 없었을 것이나, 그런 경우가 아니면 젊고 건강한 개체는 살아남아서 종족을 유지하고 환경에 적응하기 위해 진화했을 것으로 본다. 그렇다면 포식자에게 먹이로 제공될 수 있는 이웃이나 가족은 나이 많은 부모들이거나 어린 자녀들이었다는 것이 된다.

아무리 우매한 짐승이라 하더라도 자식과 부모가 죽어가는 것을 어떻게 보고 감당해야 할까? 자신을 한없는 사랑으로 키워주신 어미의 헌신을 알고 있는데 보고만 있을 수 있었을까? 아니면 정성으로 키워

낸 새끼들이었다면 어미의 입장에서 보면 내 몸과 하나였고, 나를 희생하여 보호해주고 싶은 사랑스러운 자식을 아무 느낌 없이 포식자에게 헌납하고 아무렇지 않게 살아갈 수 있었을까?

이러한 아픔과 고통은 어미의 입장에서는 스스로의 죽음보다 더 아프고 견디기 어려웠을 것이다. 그렇다고 다른 대안이 있을 수도 없다면 없었던 것처럼 살아남아서 더 많은 생명을 키워내어야 종족의 멸종을 막을 수 있었을 것이다. 이러한 상황을 어떻게 받아들이고 기억해야 할까? 무엇이 올바른 선택이고 자연의 섭리는 무엇이라고 정의할 수 있을까?

여러분이라면 이러한 상황, 즉 나를 낳아서 키워준 어머니의 살육을 못 본 척하고, 몇 달을 가슴에 품고 나의 생명보다 더 귀하게 키운 자식의 마지막 모습을 내가 보는 앞에서 버젓이 즐기면서 포식하고 있는 상황을 보고 기억했다면, 어떠한 대처가 필요했을까 하는 것이다. 짐승의 신세여서 아픔도 없고, 느낌도 없고, 기억할 필요도 없는 것일까? 이러한 사랑과 생명의 말살 트라우마(trauma)를 어미의 입장이라면 모성을 실현할 수 있었을까? 그리고 아무런 각오도 없었고 아무런 증오나 원한도 없이 그냥 잊어버릴 수만 있었을까? 물론 잊고 나만이라도 살아야 했을 것은 생명본능이라 할 수 없었겠지만, 두 발 걷기의 다름과 넓은 시야의 우월함이 사치스런 액세서리로 거추장스러운 것이었는가?

강한 자가 살아남는 질서, 힘이 지배하는 세상에서는 살아남은 것을 우월함으로 스스로 위로하고 자존할 수밖에 없는 역설적 기억으로 지워져야 할 것인가? 이러한 아픔을 기억하면 가슴 아픔이 병이 되어 스스로가 다른 자식의 어미로 죽어가고, 사랑스러운 자식의 가슴에 또 다른 아픔으로 남겨야 하는 것이 숙명적 섭리일까?

내가 살아야 또 다른 자식의 가슴 아픔을 피할 수 있어져서, 잊을 수밖에 없는 망각이라는 기능을 생존의 지혜로 받아들이고 습관화로 정착할 수밖에 없었을 것이다. 그러나 아픔의 기억은 원한이나 복수의 증오심으로 쌓여서 자리바꿈의 앙갚음을 원했을 것이다. 내가 포식자가 되고 맹수가 피포식자가 될 수 있다면 무엇이든지 할 수 있는 '모성의 한'으로 쌓여갔을 것이다.

살육을 피해 오른 나무 위에서 들불이 모든 것을 태우고 맹수도 포식자도 모두를 태워버리는 상황은 앙갚음의 복수 같은 희열로 다가왔을 것이다. 그리고 어머니와 자식을 먹어버린 원수를 갚을 수 있는 위치교환의 꿈을 키웠을 수 있을 것이다. 원한의 에너지가 그것을 실현하도록 자극했고 네발동물들은 입으로 물건을 다루었지만, 두 발 걷기 동물은 두 손으로 불을 다룰 수 있는 지혜와 용기가 몸서리치는 기억을 떨치기 위해 동원되었을 것이다.

4) 행동이기

:: 모든 생명체는 살아있어야 하는 본질적 숙명과 그 살아있음이 안정적으로 평안할 수 있기를 바라는 것이 생명의 섭리일 수 있다. 그러나 그렇게 삶이 안정적이고 평안해지면 그러한

생명체는 한없이 번성할 수 있을 것이고, 절대적 우위를 확보하지 않으면 결국 동종의 생명체와도 경쟁해야 하지만 타종의 생명체와도 삶을 경쟁할 수밖에 없을 것이다. 그것이 포식과 피포식의 관계로 강자와 약자의 관계로 설정되어 힘이 지배하는 세상이 된 것이다.

안정적 삶을 얻으려면 동종 생명체로는 강해져야 하고, 타종 생명체와는 포식과 피포식의 관계를 먼저 차지하는 것이 안정적 삶을 지키는 시작이자 끝일 수 있을 것이다. 이러함을 바탕으로 실현될 수밖에 없는 행동유형이 이기적 행동일 수 있고, 그것이 강해질 수 있는 그리고 포식자가 될 수 있는 자연의 섭리일 수 있다.

그렇다면 그러한 힘을 실현하려는 본능적 힘의 에너지는 살기 위함이고 그것이 행동이기이고 또한 권력의지일 것이다. 네 발 걷기의 타종 생명체와 경쟁할 수밖에 없는 두 발 걷기 생명체의 행동이기와 권력의지는 무엇으로 나름이 되어 차별화되고 강한 자가 되고 포식자가 될 수 있을까?

그것은 본질적 차이를 활용하는 신체적 다름일 것이다. 그것은 두 발 걷기의 높은 시야가 많은 것을 볼 수 있게 해서 행동의 다양성을 받아들일 수 있게 했을 것이고, 커다란 두개골의 무게를 견디기 위해 수직의 신체구조를 갖게 한 원인적 다름은 뇌의 크기에 따른 지적 수준의 차이로 나타났을 것이다. 네발의 포식자와 경쟁할 수 있고 포식자로 우위를 점할 수 있는 방안은 무엇이 있을까? 커다란 머리로 어떤 영감을 떠올렸을까?

오스트레일리아 서부 대평원은 건조지역이어서 자연발화에 의한 들불이 자주 발생한다고 한다. 그럴 때면 모든 육상동물은 살기 위해 대피하고 초원이나 덤불지역에 숨어있던 곤충류 특히 메뚜기 종류가 살려고 하늘로 날아오른다고 한다. 이때를 가장 잘 관찰하여 삶에 활용할 수 있는 생명체는 육상 생명체가 아닌 하늘을 날 수 있는 조류일 것이다. 그리고 그들의 먹이로는 메뚜기 같은 곤충류와 설치류가 좋은 먹이여서 쉽게 사냥할 수 있는 절호의 기회로 활용된다고 한다.

특히 솔개는 날아오르는 메뚜기를 잡기 위해 들불이 지나간 들판에서 불이 붙은 작은 나무토막을 입으로 물어서, 타지 않은 다른 들판에 떨어뜨리는 방법으로 불을 낸다고 한다. 그러면 다시 들판에서 메뚜기가 뛰어오르고 모두가 포식을 할 때까지 사냥을 즐긴다고 하는 자연다큐 영상물을 본 적이 있다.

이렇게 넓은 시야의 관찰은 작은 조류에게도 관찰에서 얻은 지혜가 삶을 풍요롭게 할 수 있다면, 직립의 두 발 걷기 생명체의 거대한 뇌 용적에 따른 지혜가 무엇을 생각했을 수 있을까? 맹수에 의해 어미와 자식을 잃어야 하는 고통에서 원한을 갚고 싶은 앙갚음이 불타고 남은 나무토막의 무기화를 두 손으로 응용할 수 있을 것이고, 불이 붙은 나뭇가지를 손으로 옮겨 활용할 수 있는 불의 이용을 통한 맹수의 제압을 고민했을 수 있다. 들불이 지나갈 때 나무 위에서 모든 포식자가 도망가는 것을 보았기 때문에, 삶의 안정을 위한 이기적 행동은 그들을 죽임으로 내가 살 수 있는 방법을 찾을 수 있었을 것이다. 포식자에 쫓겨 부모와 자식을 포기할 수밖에 없었고, 나만 살려는 행동은 이기심의 본질이 되어 너무도 오랜 시간 습관화·본능화될 수밖에 없었을 것이다.

이렇게 가족의 살육을 잊어버리고 살아남으려는 포기함으로 생긴 행동이기가 삶을 얻게 했다면 이것은 누가 가져다준 삶의 순간일까? 그것은 맹수라는 타의에 굴복한 피할 수 없는 행동이었고, 포식자가 살기 위한 행동에 굴복하여 가족을 포기함으로써 생긴 이기적 삶에서 얻은 것이다.

이러한 피할 수 없는 타의의 억압이 당연성으로 받아들여져 그렇게 세습되고 있었고, 살아남기 위한 이기심의 극치로 습관화, 본능화, 그리고 본성화될 수밖에 없었다. 지나간 수많은 세대의 가족을 잃은 슬픔이 원한이 되고, 증오의 복수심이 지혜가 되고, 용기의 에너지가 되어 불이 생존에 끼치는 영향을 깨우치게 되었다.

포기함으로 생긴 역발상은 새로운 가능성을 열었으며, 가장 숭고한 행동이기는 내가 살기 위해 모두가 살 수 있는 방법을 찾고 실행하여 나를 희생함으로 부모와 자식을 구할 수 있는 위험에 도전할 수 있게 했다.

어쩔 수 없이 생명의 상요로 도망하게 했고, 살고 싶어서 도망할 수 있는 이기심은 맹수의 억압에 의한 타의의 강요였다면 또 살고 싶은 나의 선택이었기 때문에, 이런 본능적 행동의 습관화가 어느 것이 내 본심인지를 알 수 없게 했을 수 있다. 그것이 '내 마음 나도 모른다.'의 원인을 제공한 빌미일 수 있을 것이다.

2

인격기 초습관

1) 쫓음 환경

:: '선인격기'가 있다는 것은 그 후에 '인격기'가 있었다는 이야기일 것이다. 그렇다면 인격기는 무슨 뜻이고, 쫓음 환경은 어떤 것을 뜻하는가? 사람이기 이전 두 발 걷기의 동물이었을 때를 인격이 없었다고 하여 '선인격기'라고 했으면, 두 발 걷기 동물이 어떤 이유로 '인격'을 얻어서 '사람'이라는 종으로 구분되었다는 것이 될 것이다.

왜 갑자기 피포식자인 동물의 신세에서 인격이 부여되어 존엄해졌을까 하는 의문이 생길 것이다. 인격기가 되었다는 것은 피포식자에서 절대포식자가 되어 종전에 맹수가 지배하던 힘의 시대를, 두 발 걷기 동물이 자신들의 질서로 지구상의 모든 동물을 피포식자로 전락시키는 사건이 발생했다는 것이 된다. 무엇으로 그것이 가능했을까?

사람들의 조상이 두 손의 용도를 찾기 시작했고, 불타고 남은 키 높이 만큼의 곧은 나뭇가지나 나무 몸체를 손으로 들고 창처럼 사용할 수 있는 능력이 생겼다는 것이 될 수도 있고, 그 나무막대 끝에 불이 붙어있어 불과 창을 함께 사용하는 용기와 지혜를 얻었다는 것이 될 수도 있다. 불탄 나무 끝은 단단해졌고 뾰족해서 창과 같은 무기가 될 수도 있었지만, 불이 붙어있으면 어떤 맹수도 쉽게 덤빌 수 없는 두려움의 주체가 되었다는 것이다.

불을 이용할 줄 아는 지혜가 불을 사용함으로 맹수를 제압할 수 있어져서 피포식자의 신분에서 절대포식자로 위상이 바뀌었다는 것이 된다. 이렇게 불을 얻어 '사람'이라는 이름으로 스스로를 높여 부르게 되었고, 세상의 모든 질서를 새로 만들어 갈 수 있어지면서 자신들의 신분적 품격을 새로 정비하게 되었는데, 그것이 '인격'이라는 것으로 존숭하게 되었다는 것이다.

이때부터 '인륜'이나 '도덕'이나 '정의' 같은 것을 두 발의 큰 키를 가진 '인격체'들이 개념적 모델을 만들고 정리해 가기 시작했다는 것이 될 수 있다. 이러한 변화는 생소한 처음 해보는 일이어서 많은 시행착오를 거치면서, 목창이라는 무기를 든 키 큰 초원의 지배자가 생겼다는 것이고, 그들이 이용하는 불에 의해 밤을 낮처럼 활용할 수 있는 시간을 얻었다는 것이 된다. 이렇게 불을 얻어 쫓김을 벗어나 생명을 얻을 수 있었고, 쫓김의 시간을 여유로 누리고 또 포식자의 시간이었고 공포의 시간이었던 밤을 활동의 시간으로 창출했다는 것이 된다.

지금까지는 쫓김의 환경에서 살아남는 것이 우선이었으나 지금부터는 쫓음의 환경이 되어 어떻게 사느냐가 풀어야 할 숙제가 되었다. 이것은 스스로 나의 생명을 선택할 수 있어지는 생명권을 향유할 수 있어졌다는 것이다. 선인격기는 나의 수명을 포식자가 결정했을 수 있는 것을 인격기가 되면서 병들고, 늙고, 어리고, 힘이 없어도 내 부모나 형제 또는 자녀의 도움을 받으면서 자연의 수명을 다할 수 있어졌다는 것이다.

자기가 죽고 싶으면 스스로 죽음을 선택할 수 있는 생명권을 스스로 행사할 수 있어졌고, 생명권의 보호를 위해 혈연적 가족관계가 보장되고 동료끼리의 신뢰가 가능해졌고 이성과의 사랑이 가능해지는 생활의 자유가 생겼다는 것이 된다.

이렇게 스스로 존엄해져서 자존이라는 위상을 행사할 수 있어졌고, 쫓김이 없는 여유로움이라는 시간을 창출하게 되었다. 본래 시간은 신의 소관이었지 사람의 시간은 아니었기에 밤의 활용과 함께 활용할 수 있는 시간이 종전의 수배로 확대되는 고통도 맡게 되었다. 이렇게 '하루 종일 먹는 일 외에는 놀 수 있는 여유가 어떻게 놀 것인가?'의 생각을 가능하게 했고, 그 여유의 편안한 활용은 행복을 가능하게 했고 죽음이라는 새로운 공포도 가져다주었다. 그리고 지금까지는 생존이 우선이었으나 내일이라는 것이 생겼고, 또 그동안 모르고 있었던 죽음이라는 문제가 살육의 공포를 대신하게 되어가고 있었다.

생명권의 향유를 위해 혼자보다는 여럿이 함께하는 것이 유리하다는 것도 알게 되었고, 떼거지로 몰려다니는 맹수들을 상대하기 위해 '협력과 함께'라는 행동의 변화도 생기게 되었다. 이것은 쫓김 환경에서 쫓음 환경으로 포식자가 되었다는 것이어서 맹수를 잡아 지난날의 복수를 하고 싶은 욕망은 모두를 협력하게 했고, 쫓음에서 서로의 할 일을 할 것이라는 믿음도 자리 잡아 가게 되었다.

종전의 죽음은 포식자에 의해 살육되는 것이었기에 망각의 기능이 작용하여 없는 것으로 삭제되어버렸는데, 이제는 죽는 것이 무엇인지를 죽음의 고통과 살육의 고통을 혼동하게 되었고, 이러한 공포는 '신'을 소환하는 계기로 작용되었다. 불을 얻고 사람이라는 형식의 '틀'을 만들어 스스로를 억압할 수 있는 공동체 구성원으로서 갖추어야 할 최소한의 품격을 '인격'이라고 이름하고, 그것을 지키는 자와 안 지키는 자로 분류하는 새로운 고난도 맞고 있었다.

2) 사회 형성

:: 선인격기는 쫓김 환경이었는데 인격기가 되면서 쫓음 환경으로 변하면서, 쫓김은 혼자가 유리할 수도 있었는데 쫓음은 혼자보다는 여럿이 함께하는 것이 유리해졌다.

불을 얻어 포식자와 자리바꿈을 했다는 것은 이러한 홀로가 유리한 '행동이기'를 함께로 바꾸어야 하는 변화를 '인격'이라는 이름으로 강요하는 약속 같은 것을 생활에 받아들여야 했다. 이러한 변화는 불을 극복함으로써 생긴 새로운 '규범'이 되었고, 불의 이용은 혁명 같은 것으로 새로운 '종'의 탄생과도 같은 것이었다.

죽음의 희생으로 불을 극복한 무리와 불을 무서워하여 불의 접근을 두려워한 무리 간에도 서로 다름으로 구분되어, 형상은 같은 모습이었으나 불을 죽음의 공포로 접촉을 반대한 개체들과 죽음의 헌신으로 불을 극복하고 자신들을 희생하는 데 동의한 개체들 사이에도 새로운 차별이 생겨 '종의 분리'라는 혁신적 변화를 맞았다.

사는 것 우선의 이기적 행동이 쫓음 환경이 되면서 누구와 어떻게 살 것인가로 바뀌는 혁명은 내일에 대한 두려움을 여럿의 지혜를 모으는 것으로 '생각'이라는 새로운 행동유형이 생기게 되었다. 얼마 전까지 피포식자 신세에서 포식자의 행동을 보고 배운 것도 협동이라는 것이었다.

사자나 들개는 무리 지어 함께 공격할 때 성공할 확률이 높은 것을 보았고, 그렇게 그들이 무리를 보전하는 것을 보았기 때문이다. 나무 위에서 관찰한 행동형식이 시야의 넓음을 도구로 해서 두 발 걷기 생명체의 생활모델로 받아들여지는 데 모두가 함께했기 때문에 초기적 '사회'가 형성될 수 있었다. 지금까지는 포식자 경비만이 경계의 주요 목표였지만 앞으로는 '사람'이라고 이름 붙여진 두 발 걷기 동료들의 경비도 '종'이 분리됨으로 필요해졌고, 무리의 숫자가 늘어나면서 경계할 영역도 넓어져서 무리가 클수록 유리해졌다.

생각을 모으고 상상력을 확장하고 의견을 나누고 하여 지혜로워지는 과정은 많이 참여할수록 좋은 결과를 얻을 수 있어, 무리가 확장될수록 생각의 폭이 넓어지면서 무리 깨달음(집단지성)으로 되어갔고, 그것은 그들을 더욱 지혜로워지게 했다. 이렇게 계속 무리가 늘어날수록 영역의 경계는 숫자와 지혜가 변수로 작용하고 있었다.

그것은 더 작은 숫자로 경계할 수 있어지는 지혜로움이 숫자의 힘과 지혜의 능력이 서로 유용함을 다툴 수 있어졌기 때문이다. 이렇게 인격이 부여되고 여럿이 함께하는 것이 유익하다는 것도 모두가 알게 되었고, 서로의 의견을 나누는 생각의 공유는 완전한 새로운 무리로 변화를 시키고 있었다.

이러한 것이 사회라는 형식의 유익함이 되었고 여럿의 모임은 힘의 질서와 지혜의 유익함과 숫자의 유리함이 서로를 존중하면서, 공평하게 경쟁할 수 있는 새로운 현상이 '평등'이라는 이름으로 삶 속에 자리하게 되어 힘을 가진 자 중심의 서열구조가, 다원화 다양화할 수 있는 바탕을 형성하게 되어 급속한 발전을 가능하게 했을 수 있을 것이다. 숫자가 많아지면서 식료 조건과 이들을 조정하는 '리더십'이라는 지혜로움을 요구했고, 쫓김에서의 해방은 운동량이 감소되어 식료 소비의 감소가 여유로 작용히여 함께와 나눔에 훨씬 유리함도 생겼다. 쫓김의 시간을 식료 확보에 활용할 수 있어져서 같은 하루에도 많은 여유로움이 생겼고, 생각이라는 활동이 쫓김의 시간을 대체하여 자리 잡으면서, '내일은 어떻게 될까?'라는 의문에 계속 빠져들어 상상이라는 영역으로 깊숙이 들어갈 수 있는 능력도 생기게 되었다,

이 시기부터는 행동을 할 때 생각을 해보고 할 수 있는 여유가 생겨서 행동한 후에 그것을 이루었는지, 아니면 생각보다 결과가 좋지 않았는지를 되짚어볼 수 있는 행동의 성찰이 가능해졌다. 쫓김에서는 아무런 생각 없이 무조건 도망을 했고 결과가 살았으면 다행이었고 아니면 우월해서 살 수 있었다는 사후적 판단만 있었는데, 어떻게 할까를 사전에 생각해보고 행동이 끝난 후에 비교해보는 행위는 행동의 선택이

삶에 어떻게 작용하는지를 되짚어볼 수 있어, 행동의 잘잘못을 알 수 있어져서 개선할 수 있는 기회를 제공하고 있었다.

이렇게 그 사람의 행동유형이 각자의 생각을 바탕으로 새롭게 형성되고 있어, 순간적 선택의 본능적 행동과 생각의 결과를 반영한 더 좋음 쪽의 행동으로 분리되게 되었고, 좋은 결과를 준 행동을 반복하도록 유도하는 유혹 같은 끌림이 생기고 이것이 반복되면서 정서가 자리하고, 감성적 선택이 가능해지는 '본성'이라는 마음의 뿌리가 내리기 시작해 가고 있었다.

3) 2차 강요

:: 야생의 동물로서의 생활은 생명을 유지할 수 있는 범위에서 삶에 유리한 방식으로 모든 행동이 습관화되어 기능화, 본능화됨으로 자신도 알 수 없는 상태에서 생명우선이 선택되는 것을 생명본질의 강요라고 해서 1차 강요라고 분류했다. 그렇다면 혼자만 사는 것이 아니고 여럿과 같이 살 수 있는 공동체 구성원으로서 해야 할 의무 같은 것으로 행동형식이 합의된 것을 2차 강요라고 할 수 있다.

두 가지 모두 살아가는 데 도움이 되는 필수적 행동 요령이지만 1차 강요는 피포식자 시절 포식자의 강요에 의해서 형성된 초습관이어서, 자신이 통제할 수 없는 상태에서 이미 실현되고 있는 살기 위한 행동유형일 수 있다. 그러나 2차 강요는 최고 포식자가 된 후 1차 강요로 형성된 우선적으로 내가 살아야 하는 행동은 필요가 없어졌을 수 있어, 함께 잘 살자고 1차 강요에 의한 행동이기를 제한하는 형식으로 새로운 행동유형이 '인격'이라는 이름으로 모두에게 지워진 것으로, 모두가 동의하여 함께 참여하는 스스로 받아들인 '강요'로 볼 수 있을 것이다.

이러한 행동형식은 야생의 물소 떼가 사자의 무리를 압도할 수 있는 숫자와 힘을 가지고 있는데도, 물소들이 가끔씩 또는 자주 사자의 밥이 되는 것에서도 여러 가지 생각을 할 수 있게 하는 것이다. 분명히 사자를 이길 수 있는 힘과 숫자가 있는데 당장은 생명본능으로 도망하게 되었고, 그러한 행동이 누군가를 죽음으로 몰아갈 수 있다는 느낌에 모두가 돌아서서 저항하는 그리고 사자를 쫓아버리는 행동은 서로를 지킬 행동형식이 될 수 있나.

그러나 저항을 할 때 모두가 똑같이 저항하여 쫓김을 쫓음으로 전환하면 그러한 행동이 지속적으로 모두 같이할 때 효과가 있는데, 일부가 그것을 포기해버리면 가장 앞서간 개체가 위험해질 수 있기 때문에 '행동이기'를 제한하는 것은 모두가 습관화되지 않으면 불가능할 수 있는 것이 된다. 이러한 것을 방지하려면 절대적 우월의 불이 있어도 상호충돌 과정에서 불이 꺼져버리면 저항이 불가능해질 수도 있기 때문에, 희생을 전제로 하는 함께 살기 위한 규범을 '인격'이라는 이름으로 최소한의 행동을 요구하는 것이 '협력'이라는 가치일 것이다.

이렇게 다수의 힘을 '함께'라는 지혜로 가능하게 하는 것은 힘으로 강요할 수 있는 행동형식이 아닐 수 있기 때문이다. 그것은 지금까지 알고 있던 힘의 속성이 아니고 모두가 참여하는 다수의 힘이 곧 지혜라는 공감대가 있어야 가능하기 때문이다.

이것은 생각에 의한 합의로 실현되는 공간적 다수의 힘이고, 시간적 다수일 수 있는 세습의 여러 세대가 고뇌와 숙고로 얻어낸 지혜로 '리더십'이라는 형식의 새로운 능력도 필요해졌다. 그것은 모두를 함께로 이끌 수 있게 하는 매우 유용한 힘으로 작용할 수 있는 것이었다.

이렇게 사회가 형성되어 규범이라는 2차적 강요가 필요해졌다는 것은 많은 수의 무리를 질서라는 이름으로 통제할 필요가 생겼다는 것이고, 그것이 지도력에 의한 강요로 보여 평등보다는 또 다른 힘의 지배로 우려할 수 있어졌다는 것도 되는 것이다.

이러한 리더십에 불만이 생기면 불이라는 무기를 이용해서 새로운 규범의 질서를 무너뜨리려는 시도가 생길 수 있고, 이런 경우의 응징은 집단의 힘으로 개체의 힘을 통제할 수밖에 없는 '인격'이라는 이름의 공동의 강요가 '압력'으로 작용할 수밖에 없을 것이다. 이렇게 모든 본능을 제한하는 강요는 다수의 '협력'이 우선인데 물소들처럼 그것에 의심이 생기면, 질서라는 규범과 인격이라는 존엄을 지킬 수 없어지는 결과를 맞을 수도 있을 것이다. 그래서 함께할 수 없는 다수는 오히려 역기능으로 작용할 수 있어 합의에 의한 질서는 똑같은 무게로 모두가 동의하고 인정할 때 가능한 것으로, 지혜에 의해 형성된 절대포식자의 위치가 힘의 속성이 아닌 평등을 바탕으로 이루어진 것을 이해하는 것이 '인격'의 본질일 수 있다.

힘의 지배 서열의 질서에 익숙해 있던 오랜 관행적 습관이 고쳐지고 자리 잡아 가는 데는 '리더'의 능력이 매우 크게 작용할 수 있을 것으로 본다. 혼자 사는 행동이기를 억제하고 함께 사는 것의 유리함을 깨우치는 무리 깨달음은 불을 지배할 수 있게 하는 기회와 방법을 제시했다고 할 수 있고, 모두가 습관화되지 않은 행동을 지키기 위한 오랜 인내가 그들을 초원을 지배하고 모든 곳으로 펴져 갈 수 있는 용기와 에너지로 그리고 '인성'으로 자리하면서 본성화될 수 있었을 것이다.

이런 관행은 지구상 모든 인류가 공용되는 뿌리 습관으로 뿌리 마음으로 인간이라는 공동체를 하나로 할 수 있는 공감대로 자리 잡을 수 있게 하였다.

4) 물질이기

:: 두 발 걷기 생명체가 불을 얻어 최고의 포식자가 되었다는 것은 어떻게 보면 당연함일 수 있는 필연일 수도 있다. 그것은 지구상 많은 움직이는 물체 중에서 네 발 걷기가 대부분인 상황인데 두 발 걷기로 삶의 형태를 전환했다는 가능성 자체에서 그것은 예약되었을 수 있기 때문이다.

하늘을 지배하여 생존의 영역을 제한받지 않는 새들을 제외하면 두 발 걷기 생명체가 거의 없을 수 있기 때문이다. 하늘을 날 수 있는 가능성은 시야의 넓음을 최고의 다름으로 보아야 할 것이나 그들도 꼬리가 없으면 문제가 있기 때문이다.

꼬리가 없고 두 발로 달릴 수 있는 생명체가 키 높이만큼의 시야의 넓음을 갖는다는 것은 비교할 수 없는 좋은 점일 수 있기 때문일 수도 있을 것이다. 결국, 그들은 누구도 하지 못한 하늘의 벼락으로만 실현할 수 있는, 지구상의 모든 생명체의 생명권을 좌우할 수 있는 불을 이용하고 활용할 수 있어지면서 불을 지배하는 단계까지로 발전했기 때문이다. 벼락으로 지상의 생명을 거둘 수 있는 힘은 하늘만의 소관이었고, 시간을 창출할 수 있는 능력은 신의 권능일 수 있기 때문이다.

불을 가졌다는 것은 하늘의 힘을 빙자할 수 있어졌고, 시간을 확장하여 생활능력을 확대할 수 있는 것은 신의 권리를 빌려왔다고 볼 수도 있어서, 하늘과 신을 그들의 삶에 빌려와 응용할 수 있는 계기가 되었다는 것이 되는 것이다.

쫓김이 없는 여유로움과 밤을 낮으로 활용할 수 있는 능력은 종전의 개념에서는 무한대의 시간이 주어졌다는 것이 되고, 시간의 무한 응용 가능성은 삶의 여유로움이 무한히 확대가 가능해졌다는 것이 될 수도 있는 것이다.

여유로움의 심심함은 수많은 생각을 할 수 있게 해서 상상력을 확장했고, '무한의 시간은 고통일 수 있는 만큼 무료함을 줄여 어떻게 사는 것이 행복한 삶일 수 있을까?'의 번뇌와 고뇌를 가져와 그들을 지혜롭게 할 수 있었기 때문이다. 먹고 쫓기기 바빴던 일상에서 언제 죽을지 모르는 두려움과 고통에서 한꺼번에 해방감을 맞게 되는 현실은 또 하나의 해결해야 할 과제였고, 그것은 제한할 수 없는 욕망의 가능성이기도 했기 때문에 그들이 살아있는 동안은 늘 그것을 풀어야 하는 숙제로 주어졌다는 것이 되는 것이다.

이렇게 그동안 습관화를 지나 본능화되었던 나 혼자 살아야겠다는 못남을 인격이라는 것을 형상화하여 개선할 수 있게 했으나, '쫓김이 없는 시간 밤이 없는 시간에서의 삶에 대한 욕망을 무엇으로 만족시킬 수 있을까?'는 한 번도 겪어보지 못한 고통일 수 있었다. 쫓김에서 살아남았다는 것이 위안이고 행복일 수도 있었고 그것이 살육된 자보다 우월했다는 자존의 보람 같은 것일 수도 있어, 스스로 살아남은 것을 당연히 존재할 수 있는 존재의 타당성을 인정하고 존재의 정당성을 증명할 수 있는 생명체의 자부심 같은 것이었는데, 그것을 증명하고 실현할 방법이 없어졌다는 것이 고통이고 허무함일 수 있기 때문이다.

오늘만 지금만 살아남는 것이 아니고 내일도 또 내일도 살아야 하고 다른 개체와 구분되어 차별화될 수 없는 일상과 우월과 자존을 느낄 수 없어진 생활은, 그동안 습관화·본능화되었던 힘 있는 자의 뻐김과 뽐냄의 욕구를 충족할 길이 없어지는 막막함이 불안과 우울로 그리고 남들을 괴롭힘으로 변질되는 고통도 맞아야 했다.

이러한 부작용으로 혼자만 살려고 하는 이기적 행동과 남들을 괴롭히는 힘 자랑 같은 것은, '인격'이라는 품격으로 강제적 통제가 가능해졌으나 예상 못 한 문제들도 나타나기 시작했다. 내일까지 살아야 하고 언제 죽을지 모르는데 그동안 어떤 행동으로 편안한 삶을 살 수 있어질까? 그것은 힘의 우월에서 살아남은 자존이 아닌 개척해야 할 행동유형에서의 우월과 차별을 자존으로 느끼고 싶어졌기 때문이었다.

그래서 무한의 시간을 먹는 것을 비축하는 내일에 대한 준비로 활용하는 자도 생겼고, 자기가 하고 싶은 장난이나 놀이로 시간을 채우는 이도 있었고 또 어떻게 사는 것이 같이 사는 것이고, 오래도록 행복하게 살 수 있는 것이 무엇인지를 찾는 일로 여유로움을 낭비하는 좀 이상한 족속도 생기고 있었다.

이렇게 무한의 시간은 활용방법론을 고뇌하게 되었고 무엇이 옳음인지는 알 수 없었으나, 자기만을 위한 물질을 소유하는 일에 몰두하는 개체들은 삶에 유용한 물질을 조금 더 갖는 것에 기쁨을 느끼는 경우도 늘어나고 있었다. 인격이라는 품격의 '틀'을 만들어 이기적 행동을 제한하게 되면서 그들의 이기적 욕구는 삶에 유익할 수 있는 물질을 소유하는 쪽으로 조금씩 기울어가면서, 물질에 대한 욕구가 새로운 나만의 우월과 자존을 대체하고 있었고, 그것은 노력에 의해 채워진 것이어서 당연시하는 풍조도 생겨나고 있었다.

3

초습관의 관습과 세습

1) 습관과 관행

:: 초습관이 관습화되고 세습화되었다는 것은 무슨 이유에서 인지는 모르지만 어떤 행동유형이 그 사회를 구성하는 구성원 모두의 행동으로 습관화 과정을 지나 초습관화되었다는 것일 것이다. 그 사회 구성원 모두가 같은 행동 또는 비슷한 행동을 하는 경향이 생겼다는 것이고, 그것이 세습 따라 하기에 의해서 자연적 살기를 바탕으로 다음 세대에서 그대로 실행되고 있는 현상을 초습관의 관습화와 세습화로 볼 수 있을 것이다.

어떤 행동유형이 세대를 초월하여 여러 사람이 할 수 있어지고 그것이 그들의 삶의 바탕처럼 배경화되어 세습되고 있다면, 그것이 유익한 행동유형인지 아니면 삶에 불리한 행동유형인지를 판단할 수 있는 성찰이나 고려 없이 그냥 실현되는 것으로도 볼 수 있을 것이다. 예를 들면, 어떤 부족의 무속이나 신앙적 요인에 의해 살아있는 사람을 제물로 바치는 행위 같은 것이 그 사회 구성원 모두의 동의처럼 가장되어 실현되고 있는 상황과도 같은 것이 될 수 있을 것이다.

그것이 나쁜 것인지 좋은 짓인지를 모르고 그냥 세습 따라 하기에 의해서 또는 사회 따라 하기에 의해서 자연스럽게 이루어지는 것으로, 그러한 행동의 유형을 자연적 살기로 볼 수 있고 대부분의 동물이 하고 있는 일반적 사례로 볼 수 있다.

그렇다면 그러한 습관은 왜 생겼고 그러한 행동유형이 모두가 동의할 수 있는 어떤 원인에 의해, 다음 세대 구성원들은 무슨 이유인지도 모르게 지속되어서 자신들도 모르는 사이에 그들의 행동성향으로 자리 잡고, 개인적으로는 그들의 성격처럼 굳어졌다고 볼 수 있을 것이다.

이렇게 어떤 행동습관이 자기가 왜 하는지 모르게 습관화되었다는 것은 그 사람이 어떤 유형의 조건일 때는 늘 그러한 반응을 보였다고도 볼 수 있어, 그것은 그 사람의 성격처럼 되고 그것을 다른 이가 볼 때는 그 사람의 심리현상으로 느껴졌을 수 있다는 것이 된다. 이러한 유형은 어떤 행동의 습관이 세습 따라 하기를 통해서 자기화되었다는 것이 되어, 그 사람의 심리로 작용할 수 있는 과정에 진입했다는 것이 될 수도 있고, 그러한 것을 사회구성원 모두가 관행처럼 따라 하면서 다음 세대로 이어지고 있다는 것이 된다.

이렇게 관행화된 행동형식이 세습화 과정을 지나면 관행화되어 집단 따라 하기의 세습화 형태로 되고, 그 집단 모두가 같은 행동을 하게 되면 다른 집단 구성원들이 보기에 그들이 지키려고 하는 모두의 법리 같은 것으로 여겨질 수 있을 것이다. 이렇게 습관화는 개인의 입장에서는 심리적 현상을 나타내게 되고 사회의 입장에서는 법리적 현상을 보이는 것으로 보이면, 그러한 습관은 나를 통제하는 억압으로 그리고 관행은 모두를 통제하는 강요 같은 것으로 오인할 수 있는 것이 될 수도 있을 것이다. 그렇다면 습관과 관행의 차이는 혼자와 모두의 차이일 것이고 둘 다 압력과 강요로 받아들여지고 또 그렇게 발전할 가능성을 가지고 있다고 보일 것이다.

사회나 집단을 구성하고 있는 한 개체가 관행화되지 않은 행동을 할 수 있어졌고, 그것이 다른 이가 보기에 더 합리적이라고 보일 수 있고 또 그러한 행동을 했을 때 그 개인의 삶에 도움이 될 수 있는 편익이 있고, 그러한 행동이 다른 사람들의 이익을 침해하지 않는다면 그것은 유익한 행동으로 습관화되는 것이 그 개인으로 보아서 좋은 일이 될 것이다. 그리고 다른 사람도 그렇게 하는 것이 좋을 것으로 여럿이 인정할 수 있다면 모두가 공유할 수 있는 공감이 생겼다고 볼 수 있어 공유적 행동인 관행으로 발전할 수 있게 될 것이다. 그렇게 되면 그 사람 개인에게도 도움이 되었고 사회구성원 모두에게도 이익이 될 수 있어지면 그러한 집단이나 부족은 발전할 것으로 보인다.

이렇게 관행화될 수 있는 것은 그 집단 모두에게 좋은 것일 때 채택되는 공유적 행동유형으로, 개인의 습관이 사회를 이끌어가는 모범적 표준 같은 것으로 작용할 수 있어져서 기초적 형태의 리더로 발전할 수 있는 가능성을 보였다는 것이 될 수 있다. 그러나 그러한 관행이 오랜 세월이 지나 오히려 삶을 불편하게 할 수 있는 행동형식이 되어버리면, 그 집단은 발전하는 것이 아니고 퇴행적 현상을 보이는 역기능으로도 작용할 수 있을 것이다.

그것을 누가 판단하고 개선할 수 있는 동기를 제공할 수 있을까?

2) 관행과 관습

:: 여러 사람이 모여 집단을 형성하고 다양한 사람들이 서로의 개성에 의해 여러 유형의 행동들을 할 수 있어지고, 그러한 행동유형 중에서 모두의 선망이 될 수 있는 어떤 행동을 습관적으로 반복하여 그 사람의 다름을 결정할 수 있어지면, 다른 이들의 부러움도 될 수 있지만 다름으로 인해서 따돌림으로 작용할 수 있어질 것이다.

그것은 이미 어떤 유형의 행동이 보편화되어 관행화된 것이 있을 경우 그것과 다른 행동을 하는 것은, 모두와 다른 것으로 분류되어 어떤 압력으로 작용할 수도 있기 때문이다. 그러한 어려움 중에서도 의지를 가지고 지속하고 그것이 도움이 되는 결과로 보이면 그것은 다른 이의 표본이 될 수 있어 사회발전의 요소로도 작용할 수 있어질 것이다. 이러한 바람직함이 허용되는 사회는 다양성이 허용되는 과정으로 인정될 수 있는 유연성이 생겼다고 볼 수 있다. 이러한 것은 관행이라는 획일성을 제한하는 필요 같은 것이 작용했다고 볼 수 있어져서 개인의 장점을 공유하여 공동의 발전을 선도할 수 있어진 것이다.

이것은 사회도 유연성이 있다는 것이고, 개인의 입장도 창의적 행동을 허용할 수 있는 용기가 생길 수 있는 행동의 다양성이나 심리적 유연함이 있어야 가능할 것이다. 이렇게 사회가 형성되고 용기 있는 사람의 새로움을 허용하여 모두에게 도움이 될 수 있어지면 그러함을 지원할 수 있는 리더십이 필요적 능력으로 허용되어야 할 것이다. 그것은 '윗물이 맑아야 아랫물이 맑다'는 일반론과도 관계되기 때문이다. 만일 그러한 유익함을 관행으로 받아들이면 리더가 그것을 행동으로 받아들이려는 여유와 솔선하는 아량이 필요해지기 때문일 것이다. 리더가 그러한 행동을 하기를 주저하거나 스스로 그것을 잘할 수 없다고 생각하여 자신의 못남으로 구성원들에게 받아들여질 수 있을 경우, 그러한 행동을 기존의 관행을 훼손하는 것으로 몰아갈 경우 새로움의 창의적 행동은 비판의 대상이 될 수도 있기 때문일 것이다.

이렇게 유익함으로 보여도 공존의 지원이 없으면 폐쇄적 사회의 획일화가 굳어질 수도 있어 리더의 역할이 중요해질 수밖에 없을 것이다. 이렇게 어떤 습관화가 관행화로 받아들여지면 그것은 규범성을 띨 수 있어져서 모두의 압력으로 작용할 수도 있지만, 받아들여지지 않으면 개인 습관화로 또는 그 가문의 세습 습관화로 제한되어 비 규범성을 띄게 될 것이다. 이러한 과정은 인격이 부여되어 스스로 질서를 정할 수 있어야 가능할 것이고 사회라는 집단이 형성되어야 하는 전제가 있고, 리더의 출현이라는 조건이 충족되었을 때 발전할 수 있는 구조적 기초가 마련되었다고 볼 수 있을 것이다. 선인격기도 리더는 있었지만, 힘에 의한 구조였고 모두의 동의로 추대되었다고는 볼 수 없어 다름이 수용되기 어려웠을 것으로 본다.

관행과 관습은 다수가 참여해야 하는 숫자적 제한이 있는 것으로 받아들여지는데, 그것은 좋고 나쁨 또는 옳고 그름보다 다수의 참여라는 선행조건이 어떻게 형성된 것일까? 궁금해질 수도 있을 것이다. 여럿이 하는 것을 하면 편안할 수 있고 몇몇만이 하는 것을 하면 불안해질 수 있는 것은 시원의 초습관에서 비롯될 수도 있고, 시간적으로는 늘 하면 편안하고 가끔 하면 불안할 수 있는 세습적 습관의 중첩에서 올 수도 있다.

이러한 것은 숫자적 압력이나 시간적 길이의 압력으로도 볼 수 있어 유용함이나 유익함 등 가치적 기준에서 비롯된 것이 아닐 수도 있어, 순기능도 있을 수 있지만 역기능도 있을 수 있는 것이 관행으로 세습되어 관습화할 수도 있는 것이 된다. 모두에게 유익하여 표본화되는 것을 관례화라고 하고, 모두에게 받아들여져 보편화되면 관행화되어 사회적 세습으로 진전되는 것을 관습이라고 하여 규범성을 나타낼 수도 있다.

이렇게 관행과 관습은 가치적 합리성이 검증된 것이 아닐 수도 있어 숫자적 다수가 그렇게 하면 그것이 관행화할 수 있고, 시간적으로 오랜 세대를 통해 지속적으로 이어져서 혈연적 숫자의 많음으로도 관습화될 수 있는 것이어서, 일정한 조건의 검토나 필요성을 돌아볼 수 있는 과정이 중요할 수도 있다. 개인의 습관이 관행화될 수 있다는 것은 기초적 리더가 키워질 수 있는 토양이 되어있다는 것이 될 수도 있고, 리더나 구성원들이 편협하지 않고 상대를 존중할 수 있는 여유로움이 있을 때 가능한 것이다. 이러한 유연함은 평등의식이 상당히 자리잡고 있음으로 볼 수 있어 합리적 변화를 기대할 수 있을 것이다.

3) 관습과 세습

:: 언제 시작되었는지 알 수 없는 관행이 관습으로 세습되고 어떤 습관적 행동이 조건적 고려는 무시되고 그냥 남들이 하니까 할 수밖에 없고, 안 하면 이상해질 수 있어 압력처럼 느껴질 수 있을 것이다.

그렇다면 언제부터 시작되었고, 왜 필요한지의 검토 없이 실현되는 행동유형은 어떤 것이 있을까? 가장 보편적으로 오랫동안 누구나 실현할 수 있는 '행동이기'를 들 수 있고, 인격이 부여된 후 개인별 소유가 가능해지면서 생긴 '물질이기' 등도 들 수 있을 것이다. 행동이기는 자기만 살려고 하는 동물적 본능에 의한 행동유형으로 볼 수 있고, 자신의 삶에 유익할 수 있는 물질을 조금 더 소유하려는 욕구적 행동유형을 물질이기로 볼 수 있을 것이다. 그리고 이러한 행동유형은 인류가 살아오는 동안 지속적으로 추구되고 또 보편적으로 허용될 수 있는 관습적 습관의 세습으로 볼 수 있다.

자신만 살려고 하는 행동유형은 선인격기에 형성된 생존적 행동의 산물로 볼 수 있을 것이다. 결국, 이것은 경쟁이라는 형태로 내몰릴 수밖에 없는 행동유형이었기에 다른 이를 불편하게 할 수도 있을 것이다.

인격기가 되면서 함께 더불어 살아야 하는 협력을 의무와 같은 제한으로 본다면, 행동이기는 억제되고 통제되어야 하는 것이 합리적일 수 있지만, 지금도 계속될 수 있는 행동유형으로 볼 수 있다. 그런 점에서 보면 소유욕도 자신이 살아가는 데 불편이 없는 정도로 제한되는 것이 함께의 더불어 입장에서 보면 합당할 수 있을 것이다.

그러나 그것도 피포식의 시기 우월해서 살아남았다는 자존적 상황도 경쟁의 결과로 볼 수 있어져서, 나만 살려고 하는 행동이기가 물질이기의 경쟁으로 전이되었을 수 있어 인격기를 지나 인문기에 진입하면서 합리성을 평가받을 필요가 있을 것이다.

나만 살려고 하는 행동이기의 뿌리는 선인격기 관행으로 볼 수 있고 나만 잘살려고 하여 끝없는 경쟁을 유발한 물질이기는, 인격기와 더불어 시작된 관행으로 볼 수 있어 합리성의 평가가 필요해졌다고 보는 것이다.

나만 편하면 되는 행동이기 또는 나만 잘살면 되는 물질이기가 선인격기 또는 인격기와 함께 시작된 행동유형의 관행과 관습으로 세습된 것이라면 한 번도 제대로 된 검증이 누락되었을 수 있기 때문이다.

관행과 관습은 모두의 동의와 합의로 개선될 수 있는 형식의 것이어서 합리적 관행으로 수용되려면 거쳐야 할 과정으로 보기 때문이다. 관습과 세습은 공간적으로 많은 사람이 그것을 허용하고 실현한다고 해서 꼭 합리적이라고 할 수 없는 것이 될 수 있고, 시간적으로 많은 세대를 거쳐 통용되는 습관이라고 해서 그것이 옳음이라고 할 수만은 없기 때문이다. 그것은 다수의 많은 사람이 하는 것이어서 압력이나 강요 같은 것이 되어 바람직한 것인지의 고려 없이 모두가 모르는 사이에 세습되어 배경화된 것으로 볼 수 있어, 모두가 의무교육으로 최소한의 분별력이 생긴 인문기에는 살펴볼 수 있는 여유와 배려가 필요할 것으로 본다.

이렇게 사회적 관습과 혈통적 세습이 사회적 규범으로 가문의 가풍으로 일반화되면, 사회가치와 가문의 욕구가 왜 그렇게 되었는지에 대한 합리성과 관계없이 그냥 나도 모르게 흘러가면서 관습과 세습적 압력에 동참하는 것은 아닌지 살펴볼 수 있으면 새로운 기회가 될 것으로 본다. 이렇게 관행이 세습되어 관계성 압력으로 작용하면 군중심리 같은 것이 자극되고, 그것이 일부의 이익을 지키려는 형식으로 변이하면 일부에는 유리하고 모두에게는 불리할 수도 있음을 살폈으면 하는 것이다.

관습의 압력이라든가 군중심리에 의한 강요를 자극할 수 있어져서 그것을 행동하도록 했다면, 그것은 심리적 압력을 지나 물리적 중력화로 '상변화'가 되어 에너지화되었다고 볼 수 있을 것이다.

이것은 습관이 관행이 되고 관습으로 세습되면서 심리적 압력으로 다수에 의한 군중 심리적 강요로 작용할 수 있어졌다면, 그것은 그렇게 행동할 수밖에 없도록 하는 현상적 힘이 생겼다는 것이고, 그것은 다수의 압력에 의한 에너지화로 진행되는 관성적 변화로 볼 수 있을 것이다.

이렇게 어떤 행동유형이 습관화를 지나 관행화하고 그것이 여러 세대를 지나며 초습관화하면서 압력 같은 것이 생기고, 그것이 심리적 자극을 통해 행동하도록 에너지화했다면, 그것은 물리적 에너지에 의한 움직임으로 관성화했다고 해야 할 것이다. 행동에서 심리로 압력에서 자극으로 그리고 상변화에 의한 행동으로 회귀되었다고 할 수 있을 것이다.

4) 세습과 관성

:: 관행을 수평적 공간적 다수의 공감에 의
한 공유행적으로 형성된 다수의 습관적 행동유형이라고 하면, 세습은
수직적 시간적 다수에 의해 반복적으로 같은 행동을 하는 행동형식을
말할 수 있다.

이렇게 수평적 공간적 다수이든 수직적 시간적 다수이든 많은 사람
이 같은 형식의 행동을 하게 되면, 그 많음의 무게에 의해서 관행은 세
력화하고 세습은 압력화하여 같은 영향권에 있는 이들에게 같은 행동
을 하도록 하는 심리적 부담으로 작용할 수밖에 없을 것이다. 이러한
심리적 압력에 의해 같은 유형의 행동을 하게 하면 그것은 심리적 현
상이 물리적 현상으로 모양이 변하는 '상변화' 또는 '탈바꿈'을 통해 행
동하도록 하는 '관성'이 생겼다고 볼 수 있을 것이다.

관행은 모두가 같은 시간대에 함께하는 행동형식이어서 안 하면 당
장 배제되고 밀려나고 따돌림될 것 같은 심리적 강요나 억압을 느꼈을
것이지만, 세습은 자기도 모르는 사이에 영·유아기부터 부모의 행동형
식을 보고 따라 했다면 그러한 행동형식은 자기화되어 나로 느껴지는
동체화되었을 것이다.

나는 아무것도 모르고 그렇게 했고 그렇게 하는 것밖에 본 적이 없
어 그러한 행동형식이 습관화되어 반복되었겠지만, 남들이 보기에는
그러한 환경이나 여건이 되었을 때 그와 같은 행동의 형식을 반복하는
습관적 행동은, 그것이 나의 생각에 의해 그렇게 하는 것으로 보여서
내 마음에서 비롯된 행동으로 볼 수밖에 없을 것이다.

이렇게 되면 나는 왜 그런 행동을 습관적으로 반복하는지를 모르지만, 남들은 그런 조건 또 비슷한 환경일 때 그러한 행동을 할 것으로 예상할 수 있고 또 그러할 때 습관적 행동이 반복되었다면, 그것은 나의 정체성 또는 나로 보고 인정할 수밖에 없을 것으로 보인다. 그렇다면 그것은 나는 모르는 행동유형이지만 습관화되어 나도 모르게 나오는 행적이어서, 내 마음에서 그렇게 하도록 했을 것으로 남들은 인정하려 할 것이다.

그래서 세습 습관화 또는 세습 따라 하기는 그것 자체가 나로 정의될 수 있는 나의 배경적 흔적 같은 것으로 남들은 이해하고 받아들이게 된다는 것이다. 이것이 흔히 남들은 모두 알고 있는데 나만이 모르는 행동의 사각지대인 등잔 밑의 어둠이 될 수 있을 것이다.

이러한 세습 따라 하기가 여러 세대에 걸쳐서 중복되면 그 세대가 중첩된 숫자만큼의 낳은 사람이, 같은 행동을 하게 되는 시간적 다수가 되고 수직적 행동유형으로 쌓인 것으로 볼 수 있을 것이다. 이렇게 많은 세대가 수직적 다수가 되면 그것은 일정한 무게로 압력화되어, 그 다음 세대가 그렇게 하도록 심리적 압력을 가하는 자극처럼 느껴져서 자연스럽게 같은 유형의 행동을 하도록 했을 수 있다.

이런 것은 선행세대가 없어서 배워볼 수 없는 환경인데도 심리적 자극에 의해 익숙하고 편안하게 느낄 수 있는 세습된 습관이 자연스럽게 나타나는 것을 '관성'으로 볼 수 있을 것이다. 그것은 가축화된 야생동물이 가축의 형태로 수 세대를 살아오는 과정에서는 야생의 행동형식을 배워질 기회가 없었는데도, 그 가축이 야생으로 풀려나 방치되면 또다시 자연의 야생이 회복되어 야생동물로 살아가는 반응과 같은 형식으로 볼 수 있을 것이다.

수많은 세대를 거쳐 같은 행동을 하게 되면 습관적 행동이 중첩되는 세대수만큼의 무게로 수직적 시간의 압력만큼으로 쌓여서, 그 압축된 에너지가 그러한 행동을 하도록 반복하여 자극한다면 시간적 압력이 행동하도록 하는 '관성'의 에너지원으로 되었다는 것이다.

이렇게 어떤 행동유형이 습관적 반복을 통해 익숙해지고 익숙함의 편안함 때문에 심리적 반응을 자극할 수 있고, 그러한 행동이 세습 중 첩되면서 여러 세대에 걸쳐 동일한 심리적 현상이 쌓이면 그 중첩 세대 수만큼의 무게로 압력화하여 같은 행동을 하도록 자극 충동하는 반응을 '관성'에 의한 행동화로 볼 수 있게 된다.

관성은 누가 시키거나 외력이 없이도 실현되는 에너지원으로 세대를 초월한 행동형식에서 비롯되는 수직적 압력 또는 시간적 압력에 의한 반응일 것이다.

어떤 움직임이 반복되어 습관화되면 익숙함의 쉬움 또는 편안함의 효율이 가속도 에너지의 가속관성같이 작용하므로, 어떤 추가적 에너지의 공급 없이 일정한 거리를 움직일 수 있는 것과 같은 것을 관성적 운동이라고 할 수 있을 것이고, 외부의 관여 없이 그냥 저절로 동일한 움직임이 지속되는 것을 '관성화'되었다고 할 수 있을 것이다.

4

중첩강도와 열·우성

1) 중복과 중첩

:: 어떤 행동이 습관화되어 익숙해지고 그러한 행동을 하는 것이 편안해지면 다음에 또 그러한 행동이 필요한 조건이 형성되었을 때, 다른 행동유형보다 이미 익숙해져서 편안해진 행동을 하도록 유혹받을 수 있다.

특별히 다른 어떤 조건이 없을 경우 습관화된 행동으로 그러한 행동의 필요조건을 충족할 수 있다면, 익숙해져서 잘할 수 있고 편안해져서 마음의 거부감이 없는 행동이 선택되는 것은 당연한 것일 것이다. 그것은 사람은 쉬운 것을 좋아하고 처음 해 보는 것이나 하기가 불편하다고 느껴지면 피하려는 성향을 보이는 것이 일반적이기 때문이다. 그렇다면 이러한 행동은 습관화되어 행동하기 쉬움은 물론 다른 행동유형보다 잘할 수 있을 것이고, 그러한 행동이 정서적으로도 받아들이기가 거부감 없이 편안해졌다면 행동하기가 훨씬 효율적일 수 있다. 불가피한 경우로 강제성을 띄고 습관화된 행동유형의 경우 익숙할 수는 있으나 마음의 거부감이 생길 수 있어, 정서적 편안함을 줄 수 있는 행동유형이 선택되는 것은 누구나 알고 있을 것으로 본다.

그렇다면 익숙함의 쉬움과 편안함의 정서적 공감이나 심리적 효율 때문에 종전과 같은 유형의 행동을 했을 때 보다 쉽게 그리고 편하게 할 수 있어졌다면, 쉬움과 편안함만큼의 숙련과 빨리할 수 있는 에너지나 속도가 생겼다고 볼 수 있을 것이다. 이렇게 숙련과 공감에 의해 빨라진 속도만큼의 가속도가 생겼고, 그 가속도가 작용하는 시간만큼 또는 거리만큼은 새로운 에너지의 공급 없이 힘들이지 않고 할 수 있거나 갈 수 있어졌다는 것이다. 이렇게 힘들이지 않고 공짜로 할 수 있는 행동에너지를 가속도라 할 수 있고, 그만큼의 가속도 관성이 생겼다고 보는 것이 합당할 것이다.

이러한 힘들이지 않고 그냥 할 수 있는 물리적 에너지를 행동관성 또는 심리적 관성에서 생긴 '운동관성'으로 볼 수 있어, 그것은 습관화에 의한 쉬움 또는 효율의 관성화로 볼 수 있다.

어떤 행동유형을 지속해서 습관적으로 하는 것을 '반복'이라고 하고, 환경이 변하여 일시적으로 일정 시간 정지하였다가 그러한 행동이 다시 필요하게 되어 종전의 습관화된 행동을 다시 하게 되는 것을 '중복'이라고 할 것이다. 이것은 당대에 같은 사람이 그 사람이 살아있는 동안 끊어졌다 이어졌다 하는 단속적 연속성을 갖는 행동유형이 되어, 중지되어 끊어지는 시간의 길이와 반복되어 지속된 시간의 길이에 관계없이 같은 유형의 행동이, 일정한 길이만큼의 시간으로 여러 차례 겹쳐지는 것을 중복현상 또는 중복행동으로 본 것이다.

그렇다면 같은 행동유형을 세대를 초월하여 부모가 했던 습관적 행동들을 자녀들이 똑같이 다시 반복하는 행위는, 당대의 그 사람이 아니고 다른 세대의 다른 사람이 하게 되는 것으로, 이러한 행동이 이어지는 것을 '중첩'이라고 하고 습관의 세습화 또는 세습 습관화로 볼 수 있다. 그렇다면 같은 행동형식이 세대를 초월하여 반복되고 중복되는 현상으로 볼 수 있고, 이러한 행동형식이 중첩되어 습관화로 이어지면 그러한 행동은 다음 세대의 입장에서 보면 그러한 습관이 자기화되어 자신의 삶 속에 녹아있는 배경적 흔적으로 볼 수 있는 것이 된다. 이러한 세습 습관화도 쉬움과 효율이 작용하여 가속도 같은 것이 생겼다면, 당대의 행동관성 또는 심리관성이 그만큼의 가속 에너지만큼 '세습 관성화'되었다는 것이 될 수 있을 것이다.

이렇게 습관이 반복되는 것이 중복으로 진행되면 중복현상은 반복의 순환이나 회귀로 볼 수 있고, 중복행동이 중첩되면 중첩과정은 중복의 순환과 회귀로 볼 수 있을 것이다. 이렇게 하여 중복이 중첩으로 전이되면 1차적 '순환회귀'가 완성되었다고 볼 수 있게 된다.

이렇게 중첩세습이 자기화되어 회귀현상을 나타내면 '모성습관'의 흔적이 복제되어 세습되었다는 것이 되고, 중첩에 따른 순환적 회귀의 완성을 '모성복제' 또는 세습의 '흔적복제'로 보아, 관성에 의한 행동의 지속으로 세대 간의 시간적 길이만큼의 압력이 순환에 의한 회귀적 관성 에너지만큼 작용했다고 할 것이다.

이렇게 관성이 압력으로 작용하여 습관화에 의한 정서적 작용이 세습 중첩화에 의해 감성적 작용으로 변이한 것을, 모성복제 또는 모성 흔적복제라 할 수 있고 중첩세습이 반복될수록 심성화, 인성화로 전이 할 수 있을 것이다.

2) 반복강도

        :: 생존에 필요하고 유익한 행동은 자주 할 수밖에 없을 것이고 이렇게 자주하게 되면 습관화되어 잘하게 되고, 잘하게 되어 남들보다 우월해 보이면 자존감도 생기고 해서 더욱 잘할 수 있어질 것이다.

이렇게 습관화된 행동들이 여러 세대 모든 환경에서도 필요하고 삶에 도움이 될 수 있다면 세대를 초월해서 습관화될 것이고, 이렇게 세대와 시대를 초월해서 습관화된 행동형식을 '세습 습관화' 또는 '초세 습관화' 그리고 '시원초 습관화'로 분류하였다.

이렇게 시대와 세대를 초월해서 '초습관화'된 행동들이 지속되는 형태를 반복, 중복, 중첩으로 분류하여, 너무도 익숙하여 나도 모르게 실현되는 습관화는 쉬움과 효율에 의한 가속도에 의해 관성이 생겨서, 중독된 것처럼 아무 의식 없이 자동적으로 실현되는 것을 '관성적 습관화' 또는 '관성적 반복'이라고 할 수 있다.

일반적으로 반복이라고 하면 반복되는 횟수가 많고 적음으로 반복의 강도를 표시할 수 있을 것이고, 세대를 초월하여 지속되는 중첩의 반복강도는 '관성적 반복강도'라 할 수 있을 것이다.

반복빈도라고 하면 반복되었거나 또는 중복되어 실현되는 반복의 횟수와 중첩되어 관성화된 반복횟수를 모두 포함한 횟수의 빈도 치를 뜻할 것이다. 이렇게 반복에 의해 생긴 모든 빈도 치를 세습의 세대수가 누적된 것으로 보아, 세대별 반복빈도를 세습 세대수로 쌓으면 세대별 빈도치가 수직으로 중복되어, 그 수적 횟수만큼의 압력으로 작용할 수 있을 것이다. 이처럼 세대별 수적 누적의 무게를 단위압력으로 보아 세대가 지속될수록 그 압력은 지속적으로 높아질 수 있고, 이것을 일정 한계 이상으로 쌓으면 압축으로 전이될 수 있을 것이다.

습관화의 쉬움과 효율에 의해 가속도가 생기면 그 가속도는 관성으로 작용하여, 그러한 행동에 필요한 에너지의 공급이 없어도 습관이 지속될 수 있는 것을 행동의 관성화 또는 '행동관성'으로 볼 수 있을 것이다.

그렇다면 세습습관에 의한 행동관성은 중첩되는 세대수와 관계되어 생긴 관성의 에너지를 '압력화'했다고 할 수 있을 것이다. 이렇게 습관의 반복강도가 무한해지면 기능화할 것이고, 기능화가 진전되어 자동화되고 본능화로 전이될 것이다. 시대와 세대를 초월해서 초습관화된 행동들이 쉬움과 효율에 의해 관성화되면, 세습 중첩된 세대수만큼의 관성적 압력으로 느껴지는 것을 행동관성이 심리관성으로 변이했다고 할 수 있다.

행동에서 비롯된 습관화가 행동관성이 되고 그것이 중첩되어 압력관성으로 느껴지면 감성화되어 심리관성으로 변이했다고 할 수 있고, 이러한 얼개의 구조와 과정을 마음으로 형성되어가는 구조적 형식의 일반화로 볼 수 있을 것이다.

이렇게 습관화가 관성화되어 압력으로 느껴지고 그것이 세습되면서 반복의 회귀가 초습관화의 초기모형으로 완료되어 가는 과정이 감성화로 진행되고, 압력관성이 세습으로 무한 진행되면 심성화에서 인성화로 전이되는 것으로 볼 수 있게 되는 것이다. 이렇게 형성된 압력의 심리화는 어떤 요인에 의해 자극되면 압력이 관성으로 회귀하여 에너지화되고 행동화하는 과정으로 진전되면서 순환적 회귀가 진행된다.

습관이 관성이 되고 관성이 세습 중첩되면서 압력으로 느껴지면 마음으로 변이되게 되고, 그것이 자극되면 압력이 관성에 의해 행동으로 회귀하는 구조적 과정이 하나의 순환처럼 구조화되었다는 것이다.

습관에 의해 형성된 반복의 단순횟수 빈도를 강도라 할 경우 반복강도는 어떤 자극에 의해 정서적 반응이 생기고, 마음의 움직임이 관성적 회귀에 의해 압력이 작용되면서 에너지화하면 심리관성이 행동관성으로 변이하여, 본래의 습관적 행동을 하도록 하는 선택의 압력으로 작용하는 변수가 될 것이다.

이렇게 심리자극에 의해 압력관성이 작용하여 에너지로 순환되어 행동관성으로 변이할 때, 대처할 수 있는 행동유형 중에서 빈도압력이 가장 높은 것을 선택할 수 있어지는 형식을 '강도'의 작용으로 보고, 어떤 습관의 반복강도가 그것을 가능하게 할 것이다.

3) 실행 강화

:: 사람들이 살아가면서 수많은 습관적인 행동을 하게 되고, 그것이 언제 시작되었는지를 모르는 초습관화에 의해서 실현되는 것일 수 있다. 이렇게 삶에 필요한 많은 행동유형 중에서 어떤 행동유형이 선택되어 현실적 행동으로 실행하게 되면 초습관화된 행동들이 한 번 더 반복될 수 있고, 중복되어 중첩으로 실행될 것이다. 이러한 과정은 종전의 초세습관화된 행동 또는 세습습관화된 행동의 반복빈도를 증가시켜주는 역할로 관성이나 압력을 부가하는 과정으로 볼 수 있다.

이렇게 중첩에 의한 압력 에너지를 심리적 자극에 의해 행동하도록 하게 되면 종전의 초습관의 행동중첩 빈도에 관성적 무게나 압력을 지속적으로 증가시켜주는 현상으로 볼 수 있어질 것이다. 그렇게 되면 그러한 행동유형은 실현빈도가 증가하게 되고 습관이나 본능을 강화시켜주는 수단이 되어 무의식화 실현 또는 기능화 내지 자율신경화 실현을 가속화시켜, 가속도의 쉬움과 효율과 같이 물리적 운동관성을 강화시키는 결과가 될 것이다. 이렇게 어떤 행동이 현실에서 선택되어 실현하게 되면 그 행동의 습관화 관성은 계속 강화되어, 다음에 또 선택될 수 있어지는 관성적 강도를 부가하게 되는 역할과 과정을 '실행 강화'라고 할 수 있을 것이다.

행동의 실현횟수가 증가하여 관성이 강화될수록 행동관성이 심리관성을 자극하여 정서화 감성을 추가할 수 있고, 이렇게 감성화가 심성화로 강화될 수 있어 관성화에 기여하는 것이 될 것이다. 행동의 반복이 압력을 강화하고 반복강도를 증가시키면 다음에 비슷한 현상의 조건이 될 때 또다시 그러한 행동이 선택되도록 하는 강도 효율을 작용시켜, 그러한 행동을 지속하도록 심리적 압력과 행동의 자동화를 계속 지원하고 자극하는 과정이 반복될 수 있어져서 되살펴 보는 지혜가 필요하다.

지금 선택되고 있는 행동이 과연 합리적인 것인지는 세습 습관화에 의해 자기화된 행동유형일 경우, 필요적 적응도를 고려해보지 못한 상태에서 세습 따라 하기의 흔적과 같이 복제되어 배경화되었을 수 있기 때문이다. 만일 그러할 경우 그러한 행동유형은 본능성일 가능성이 있어 무조건화 즉시화되었다면 후회할 수도 있고, 현재의 현상적 상황에 더 합리적인 행동형식이 더 있을 수 있음을 고려해보자는 것이다.

선택된 행동유형이 현실의 사회성과 시대성에 적합했다면 바람직한 행동유형을 지속할 수 있도록 강화한 것이어서 매우 유용한 결과로 작용했을 것이다. 그러나 그러지 못했다면 사회적 가치나 시대적 희망성에 적합할 수 있는 행동유형을 선택할 수 있어지는 고려나 지혜가 필요하기 때문이다.

다양화, 복잡화된 사회에서는 여러 사람과 관계하게 되고 내가 한 행동의 결과가 다른 사람에게 영향을 주게 되고, 그것이 또 다른 경로를 거쳐 순환회귀되어 나에게 예상치 못한 간접효과를 줄 수 있기 때문이다. 초습관의 중첩강도가 높은 행동유형일수록 자동 선택될 가능성이 있고, 그러한 습관적 행동유형을 한 번도 되살펴 보지 못했다면 인문적 살기가 가능해진 초현대 환경에서는 인격기나 선인격기의 행동형식이 부합되지 않을 수 있음도 가끔씩 살펴봐야 할 것이다.

흔히 사람들이 '정신 차려라!' 하는 것을 들어본 적이 있다면 정신을 차리라는 것은 올바른 선택을 하라는 이웃의 조언으로 볼 수 있다. 아무 생각 없이 그냥 하는 행동형식이라면 옳고 그름을 선택하고 시비를 구별할 수 있는 정신이 하는 귀하신 역할을 못 하도록 스스로 작용한 것이 될 수 있음에서이다. 정신이 있다면 옳고 그름을 가려야 하는 것이 인격을 가진 사람이 할 의무 같은 것이 아닐까 하는 것이고, 이렇게 옳고 그름을 선별하여 바람직한 행동유형을 선택했다면 그것을 할 수 있도록 영혼이 작용할 수 있어야 할 것으로 본다.

'정신'이 사리를 분별하는 능력이라면 '영혼'은 옳은 것을 실현하도록 하는 용기와 에너지의 원천이기 때문이다. 이렇게 아무 고려 없이 습관화된 행동을 자동적으로 습관화에 의해서 하게 되면, 영혼은 할 일이 없어 이상한 곳으로 배회할 수 있을 것이고, 정신은 그러한 것을 그냥 못 본 칙 게으름을 부릴 수 있음도 보살펴야 인품과 인격이 유지될 것으로 보는 것이다.

초습관의 중첩압력에 의한 자극의 흔적화는 당대에는 자극의 형식으로 압력이 작용하고, 후대에서는 흔적의 형식으로 남겨지는 것이어서 살펴보기를 바라기 때문이다.

4) 제어 퇴화

:: 초습관이 중첩되어 압력이 흔적상태로

있는 것을 어떤 외적 현상에 의해 자극되면 유사한 형식의 초습관이 소환되어 행동하도록 관성화될 수 있다.

그러나 외적 현상이 있더라도 심리적으로 초연하여 자극되지 않을 수도 있고 반응에 아무런 느낌이 없을 수도 있어, 이러한 경우 압력은 무위적 상태를 유지하여 반응하지 않을 수 있다. 또 어떤 경우는 자극되어 행동하도록 압력이 에너지화하는 것을 지성적 고려에 의해 제한하거나 통제함으로 관성화를 제어할 수도 있을 것이다.

이렇게 어떤 행동유형의 작용을 지성적 능력이 개입하여 억제하든가, 본능적 충동에 의해 압력이 관성화하여 행동할 수도 있을 것이다.

일반적으로 발현하려고 하는 행동형식이 바람직한 행동유형이라면 실현하는 것이 좋을 것이고, 지나간 경험에 의해 그러한 형식의 행동유형이 실현되어 부정적 결과를 얻었거나 후회한 적이 있다면, 통제하여 에너지화되지 않도록 이성적 제어가 작동하면 정신적 의지에 의해 자극이 없었던 것처럼 평온해질 수 있을 것이다.

이렇게 중첩된 선대의 습관화된 압력흔적을 제어하면 의지에 의해 그러한 행동을 제한할 수 있는 능력이 강화되어, 다음에 또 그러한 현상이 발생했을 때 훨씬 쉽게 제어가 가능할 수 있어지는 것도 관성에 의한 제어능력의 '실행 강화'로 볼 수 있다.

이렇듯 자극되어 실현되면 반복실행을 강화하는 쪽으로 관성이 작용하고, 제어되어 통제되면 지성적 판단에 의한 이성적 제어가 실현된 것으로, 다음에 비슷한 사례에서는 더 쉽게 행동을 제어할 수 있도록 관성이 발현될 것이다.

이러한 현상은 선한 행동을 하게 되면 그러한 방향으로 관성이 작용하여 좋은 습관이 형성되고, 부정적 행동이 발현하여 실현되면 유사한 행동을 쉽게 할 수 있는 바람직하지 않은 습관들이 지속될 수 있음을 뜻하는 것이다. 이것은 좋은 습관과 나쁜 습관을 정신에 의해 선별하고 그것을 실현하거나 제어할 수 있어지는 의지나 심리적 능력을, 세습 습관화의 선천흔적으로 배경화, 자기화되는 것이 얼마나 중요한지를 보여주는 것이라고 할 수 있을 것이다.

이렇게 좋은 행동을 할 수 있어지면 계속 좋은 행동을 하도록 지원하는 것이 압력에 의한 관성화의 능력이고, 나쁜 행동을 하면 지속적으로 나빠질 수 있도록 관성이 에너지를 공급하는 현상을 중첩강도의 실행 강화라고 하고, 바람직하지 않은 행동을 제어하면 그러한 행동을 중지할 수 있도록 지원하는 능력이 관성에 의한 '제어 퇴화'라고 할 수 있다.

이렇게 제어되면 충동이 억제되어 정서화가 중지되고 행동관성과 심리관성이 시간 대비 약화되는 것도 중첩압력의 관성화가 작용하는 과정일 것이다. 본능과 본성을 행적으로 제어함으로 선천 열성 후천 우성화를 실현하는 것도 압력의 관성적 에너지가 영향을 미쳤다고 보면 될 것이다. 제어는 습관화를 약화시켜 관성화, 기능화를 제한하고 실행은 반대로 작용하는 현상으로 계속 장려하는 기능을 하게 되는 것이다.

흔적은 선천으로 열성이고 행적은 후천으로 우성화 되는 현상으로 자극되어 활성화되면 당대에는 행적으로 실행되는 것이고, 흔적은 선대에 의해 이루어진 압력의 결과로 비활성화 상태이기 때문에 제어되어 자극되지 않으면, 잠재 의식화된 상태로 후대에 보존되어있는 것이 될 수 있다.

이렇게 선대의 흔적을 자극하지 않으면 제어도 행적이기 때문에 후천으로 우성현상을 보여 퇴화를 유도하게 되어 압력을 해소하는 역관성이 작용하므로, 고압고밀이 완화되어 순화되고 자극에서 느낌으로 완화되어 선천 세습의 초기화 상태인 흔적으로 비활성화 상태를 유지하게 되는 것이다.

이렇게 행동하지 않는 것도 의지가 실현되는 것이어서 행적으로 작용하여 후천 우성화를 실현한다는 것으로, 작용을 정지시킨 반작용적 운동관성으로 반발 에너지가 작용하는 형태로 행적화되는 것일 것이다. 반복강도는 기능화와 중복강도는 정서화와 중첩강도는 감성화와 관계되는 것을 제어로 정지시키면, 다음 단계로의 진행이 중지되어 약화되고 지속적 제어가 작용하여 통제되면, 정서적 느낌이 도태되어 소멸될 수도 있어질 것이다.

제3장

관성의

발현

1

발현의 다름과 인정

1) 형성시대의 다름

:: 어떤 행동유형이 관습화, 세습화되어 실현되는 것은 그러한 행동이 형성되어야 발현될 수 있는 것이다. 그렇다면 행동유형별 형성시대가 있을 수 있다는 것으로 오래된 유형일수록 발현될 가능성이 클 수 있다는 결과가 될 수도 있다. 가장 오랜 시기에 형성되어 지금까지 실현되고 있는 행동유형이 있다면 그것은 초습관화를 거쳐 충분히 관성화했다고 볼 수 있을 것이다.

시원기의 초월적 습관을 '시원초 습관화'로 구분한 것은 그 시기는 불을 얻어 인격이 형성되기 이전의 시기여서 피포식자로 맹수들의 질서에 따라 오직 살아야 하는 즉시적 행동유형만 필요로 했고, 의리나 우정 또는 사랑 같은 자기의사에 따라 행동할 수 없는 환경으로 보아야 할 것이다. 그것은 내가 살아남아야 의리도 있고 우정과 사랑 같은 것이 존재할 수 있는 여건이어서 나의 의사는 반영될 수 없고, 오직 포식자인 맹수의 의사만 존중되고 나의 생명권도 그들이 행사할 수 있는 상황이기 때문이다.

이때는 오직 살아야 하고 살기 위하여 도움이 될 수 있는 행동유형만 실현되었기에 그러한 형식의 행동만 습관화되어 세습 자기화되었을 것으로 본다.

내게 좋은 것은 내가 살아있는 것이고, 내게 나쁜 것은 내가 살아가는 데 지장을 줄 수 있는 행동유형일 수 있어 그런 행동을 한 개체들은 죽어서 유전자를 남기지 못했을 것이다. 살아있지 않으면 생명이 아니기 때문에 살아있는 것은 좋은 것이고 살아있는데 도움이 되지 않는 것은 나쁜 것 또는 싫은 것일 수 있다. 그것이 생명 본질이기 때문이다.

이러한 행동유형은 내게 좋은 것이 옳은 것이고 내게 나쁜 것이나 싫은 것이 그릇된 행동유형일 수 있어, 매우 감정적 행동으로 습관화되어 세습되므로 자기감정에 충실한 행동으로 자기화되었을 것이다. 그리고 불을 얻어 사람으로서 인격이 부여되고 사람으로서의 행동유형을 협력을 위해 모두가 자신들의 의사를 반영하여 결정하고, 그것을 지키려고 합의한 행동들이 '인격'이라는 이름으로 지켜야 하는 의무 같은 것으로 부여되게 된 것이다.

이 시기에 형성된 행동유형은 내게 좋은 것도 필요하지만 모두에게 좋은 것이 서로를 협력하게 하고 서로를 보호하게 하여, 내게도 좋은 것일 수밖에 없는 행동유형으로 강제화되는 것처럼 나를 억압할 수 있어졌을 것이다. 그리고 이런 행동유형들이 습관화되어 잘 지켜진 개체들은 모두에게 인정받을 수 있는 우월한 구성원으로 인정되었고, 그렇지 못하고 자신에게만 유리할 수 있는 행동을 하는 개체는 따돌림받고 무리에서 배제되어 추방되는 형식으로 집단의 구성원으로서 도태되었을 것이다.

시원기는 살아남는 것이 우월하고 자존심을 살릴 수 있는 행동유형이었지만, 초세기, 즉 인격기가 되면서는 같이 살아갈 수 있는 행동을 한 개체가 우월하고 존중받을 수 있어 자존감을 살릴 수 있는 행동유형으로 변환된 것이 된다.

이 시기부터는 내게 좋은 행동유형이 좋을 수만은 없고 모두에게 또는 가까이 있는 여럿에게 함께 좋을 수 있는 행동유형만이 습관화되어 세습되면서, 자신의 바탕으로 배경화된 개체만 살아남을 수 있는 여건이 되어 행동하기 전에 한 번쯤 생각해봐야 하는 행동선택이 필요해졌다. 시원기의 피포식자일 때는 생각하고 행동하면 늦어져서 죽을 수 있었으나 최고 포식자가 되고 나서는 생각해보고 행동할 수 있는 여유가 생겼다는 것이 다른 것이 되었다.

이때부터는 함께 살아야 하는 것이 어떤 것인지를 정해두고 그렇게 합의해서 정해진 것이 옳은 것이고, '함께'에 도움이 되지 않는 행동유형은 옳지 않은 것으로 정의되었기 때문에, 내가 좋아하는 것이나 내가 싫어하는 것과는 서로 반대될 수 있는 행동을 습관화해서 실행할 때만, 그것이 나에게 좋은 것이 되어 옳은 것이 될 수 있기 때문이다.

좋은 것과 싫은 것이 아니고 옳은 것과 그릇된 것으로 감정적 행동에서 새롭게 알게 된 것을 바탕으로, 생각하고 행동하는 이성적 행동으로 바꾸어 행동하는 습관이 필요해진 것이다. 이렇게 초세기에 형성된 습관은 관성화 시간이 짧음에 의해서 관성화, 관습화 또는 세습 습관화되어 자기의 바탕으로 배경화되는 것이, 시원기 습관화보다 부족하여 생각 없이 행동하면 초습관화 강도가 높은 행동유형이 실현되어 함께하는 모두에게 불편을 주는 경우가 있을 수 있어진 것이다.

생각 없이 감성적으로 행동하여 오랫동안 익숙해져 있던 좋은 것과 싫은 것에서, 옳은 것과 그릇된 것으로 바뀌면서, 변경된 행동의 습관화가 미흡함으로 생긴 많은 문제점을 안고 현대라는 시대를 맞고, 각자 자신의 배경화된 행동과 모두의 기준에서 보는 옳은 행동이 무엇인지를 갈등하게 되었다.

시대가 달라지면 환경이 바뀌고 환경이 달라지면 습관도 변경되고 정서도 달라질 수밖에 없을 것이다.

2) 세습인식의 다름

:: 사람으로서의 행동형식이 형성되는 시대적 배경으로는 선인격기의 피포식자일 때 행동유형과 포식자가 된 후 인격기의 행동유형은 완전히 다른 형태를 나타내게 되었다.

오랜 습관으로 관성화된 행동과 새로 지켜야 할 의무나 책임 같은 새로운 행동유형이, 유사함보다는 서로 반대현상을 보이는 것이 있어 어떤 것을 습관화하여 세습 인식시키느냐가 중요한 과제가 되었다. 그리고 부모나 선대로부터 하는 행동을 보고 배울 수밖에 없는 후대의 행동기준으로 세습 습관화되어 자기화되고 배경화되는 과정이, 후대의 느낌과 판단 인식에 따라 선대는 의도치 않았지만, 후대는 다르게 받아들여지는 인식의 차이도 생기게 되었다.

선대의 행동형식은 그동안 익숙했던 감성적이고 즉시적인 행동유형과 새로 정립해서 지켜야 하는 지성적이고 이성적 행동유형이 많은 차이가 있어 여러 가지 고려와 선택이 필요했기 때문이다.

너무도 익숙해서 관행화된 행동유형은 자신이 살아있는데 좋은 행동과 생존에 지장이 될 수 있는 나쁜 행동으로 구분되는 형식에서, 함께 살아가는 데 좋은 행동을 옳은 행동으로 그리고 함께 살아가는 데 지장이 생기면 나쁜 행동으로 그릇된 것으로 구분된 것이다. 즉 좋고 나쁨의 주관적 기준에서 옳고 그름의 객관적 기준으로 형식이 바뀌었고, 그렇게 행동하지 못하면 공동체에서 따돌림을 받거나 쫓겨나야 했기 때문이다. 좋고 나쁨은 이미 오랫동안 관성화되어 마음으로 발현되는 느낌을 쫓아가면 되는 감성적이고 즉흥적 판단으로 가능한 것이었으나 지성적 이성적 행동유형은 그것이 무엇인지 알아야 했고, 옳은 행동과 그릇된 행동을 구별할 수 있는 능력이 있어야 했기 때문이다.

자신에게 좋고 나쁨에서 모두에게 좋고 나쁨은 모두가 합의해서 정한 규범화된 행동형식을 알고 있어야 할 수 있어지는 지성적 고려가 필요해졌고, 나에게 좋은 것과 모두에게 좋은 것을 선택할 수 있어지는 판단이 필요했고, 선택된 것을 행동할 용기도 있어야 하는 이성적 행동을 요구했기 때문에 생각하고 행동해야 하는 새로운 습관을 필요로 한 것이다. 그리고 피포식자에서 포식자가 됨으로 쫓김이 없어짐으로 긴급행동은 줄어들어서 조금씩 나태해져갔고, 그것은 움직이는 것을 싫어하는 게으름으로 변화했기 때문에 새로운 문제도 생겨가고 있었다.

좋고 나쁨에서 좋고 싫음으로의 변화도 생겼지만 옳은 것과 그릇된 것이 무엇인지 행동하기 전에 알고 있어야 하는, 소양이나 도덕 또는 정의 같은 것이 정리되기 시작했다고 봐야 한다. 이러한 분별기준은 강제화될 수 있는 것이어서 모든 것이 불변의 기준으로 정리되어야 혼란을 방지할 수 있어지는 어려운 문제도 함께 생겼다. 그래서 알 수 없는 현상은 하늘과 신에게 의탁하여 판단을 유보함으로 절대자가 오류를 범할 수 있는 구조적 모순을 잉태하는 것을 방치하기도 했다.

어떤 현상에 대해 대처하는 행동유형에서 개인적 이익이 되는 것이 무엇인지를 고려할 수밖에 없을 것이고, 그것이 지금 당장의 이익을 선택할 것인가 내일의 이익을 선택할 것인가도 선별해야 하는 부담으로 다가오고 있었다. 이렇게 사물이나 현상을 보고 다름이 생기면 느낌이나 성향에 따라 달라질 수밖에 없을 것이고, 그것을 어린 후대들이 보고 나름의 인식이나 성향에 의해 다르게 인식하고 판단될 수도 있어진 것이다. 이러한 것이 선대의 일관성 없는 행동으로 후대가 느낄 수 있어지면 따라 하기를 하는 자연적 삶에서 어떻게 인식하고 수용해야 할 것인가도 문제가 되었을 것이다.

세습인식은 따라 하기의 자기화에서 사후 판단에 혼란을 줄 수도 있고 언행의 모순은 많은 문제를 후대와 사회에 남겼을 수 있다.

행동은 마음과 같이하는 것이 바람직할 수 있어 말과 행동이 함께 할 수 있을 때 그 사람의 인격으로 완성될 수 있는데, 말과 행동이 분리되는 경우는 말과 마음의 모순으로 인격의 괴리현상을 보일 수도 있다.

행동하는 것이 마음이고 몸이 시키는 것이 마음이 될 수 있는 것은 습관화의 익숙 편안함이 심리관성으로 작용했다는 것이 된다.

[표: 3] 행동과 마음의 관계

구 분	좋아한다. → 보고 싶다. → 만나고 싶다. → 만난다.				비 고
행 동		○	○	○	마음에서 행동으로
마 음	○	○	○		

행동하는 것을 마음의 표현으로 본다면 선대의 행동을 보고 마음이 어떠할 것이라고 느낄 수 있어, 후대는 그것을 행동의 지침으로 받아들일 수 있어 언행 불일치가 세습습관화에 잘못된 신호를 준 것으로 인식되면, 선대의 기대는 자신의 행동으로 회귀했을 수 있게 되는 것이다.

3) 자연환경의 다름

　　　　　　　　:: 인류가 진화하면서 지구상으로 확장하는 과정은 자연환경과 밀접하게 관련될 수밖에 없고, 자연환경의 영향에 따라 대응하는 행동유형도 새롭게 형성되거나 변화될 수밖에 없을 것이다. 이렇게 환경에 적응하고 변화하는 과정에서 형성된 많은 행동유형이 새로운 습관화를 통해 세습되면서, 행동관성의 익숙함에서 편안함을 얻을 수 있어지면 정서적 행복감에 의해 심리적 영향으로 전이하고, 초습관화를 통해 관성화되면 세습자기화를 통해 자신의 심리적 바탕으로 배경화되었을 것이다.

　이렇게 자연환경의 다름이 행동관성을 변화시키고 행동관성이 심리관성으로 전환되면서, 그들만의 부족성 또는 지역성을 형성하고 정착되어 가면서 종전의 환경이나 다른 환경에 적응한 사람들과는 다른 유형의 감성과 관성이 생겼을 것으로 보인다.

　동물의 기본적 먹이 형태를 초식성에서 시작된 것으로 보면 풍성한 풀과 열매가 항상 넉넉할 수 있는 환경이 진화에 가장 유리한 조건이 될 수 있을 것이다. 예를 들면 식료환경이 풍부한 쪽이 결핍된 쪽보다 더 유리한 진화가 가능했을 것으로 보는 것이 된다. 그렇다면 네 발 걷기에서 두 발 걷기로 그리고 피포식자에서 포식자로 진화할 수 있는 기본적 환경은 열대 정글과 초원으로 볼 수 있어, 진화와 확장과정은 열대 정글에서 초원 그리고 온대환경으로 지역적 확장경로가 바뀌었을 것으로 추정할 수 있다. 그리고 결국에는 한대환경까지로 삶의 영역을 확장했을 것이어서 이러한 변화는 생활습관을 변화시켜 초습관화, 관성화되면서 정서화, 감성화되는 심리적 관성도 변이되었을 것으로 본다.

초식동물이 꼬리가 도태되고 두 발 걷기가 되면서 정글 환경이 불리해져서 초원으로 밀려난 후, 가장 먼저 극복해야 하는 과제는 초원의 맹수들과 생존경쟁이었을 것이다. 초원의 지배자와 경합해서 우위를 점할 수 없으면 두 발 걷기는 생존을 위협하는 가장 불리한 조건이 되었을 것이고, 두 손의 활용과 큰 머리의 능력으로 초원의 포식자를 견제하여 압도하게 되면서, 인류라는 형상으로 진화되는 자연환경에 적응하는 과정을 거치게 되었을 것이다. 그리고 절대 포식자가 되면서 경쟁자가 없어졌다는 것은 무한 번성할 수 있는 조건이 주어졌다는 것이 되고, 그것은 같은 종끼리의 경쟁에 내몰리는 절차로 진행되었다는 것이 된다. 같은 종끼리의 경쟁은 다시 힘의 질서 서열의 구조로 동물의 본능에 충실할 수 있는 환경이 되었다는 것이고, 힘의 지배에서 밀려나면 열대초원을 떠나 다른 지역으로 이동하여 자유롭고 자신들만의 질서로 살 수 있는 곳으로 확장될 수밖에 없었을 것이다.

두 발 걷기는 숲속 정글 생활에 불리함이 많아 생존경쟁의 불리함을 극복하려고 초원으로 생활공간을 이동하든지, 아니면 열대정글이나 온대정글을 불태워서 초원화를 유도하는 지혜와 고난 그리고 용기가 필요했을 것이다. 채집은 정글이나 숲속이 유리하나 수렵은 초원이 월등한 조건이어서 생활습관도 채집과 수렵에서, 불을 이용한 정주형 채집에서 초식동물을 따라 이동하는 순환형 수렵으로 변경될 수밖에 없었을 것이다. 그리고 온대로 확장되면서 겨울의 온도를 극복해야 하는 고난은 불을 이용하여 열대의 항온에서, 온대의 변온환경에 적응하는 또 다른 지혜가 그들의 행동형식을 변경하고 초습관화되면서 감성적 심성도 변이되는 관성화 과정을 거쳤을 것이다.

온대초원으로 확장되면서 냉대환경에 적응하려면, 온도극복을 위한 토굴이나 동굴 또는 추위를 막을 수 있는 방법을 찾아내는 지혜와 창조적 능력이 필요해졌을 것이고, 결국에는 한대환경으로까지 적응해내는 놀라운 능력을 보이므로 절대강자로 군림할 수 있는 절대유일 종으로 인격을 완성할 수 있어졌다.

온·냉대 기후에 적응하기 위해 풀잎이나 나무껍질을 이용하는 신체보호용 장구도 발전시켰고, 수렵에서 얻은 가죽으로 신체를 보호하고 보온하는 능력도 향상시켰을 것으로 본다. 열대, 아열대에서의 변함없는 기후 조건은 획일성이나 유일성에 영향을 주었다면, 온대의 가변성 계절에 적응하는 유연성도 생겼고 겨울을 위한 비축과 보관 등의 예비적 성향노 생기게 되어 갈부리라는 소유적 이기심도 확대되었을 것이다.

이러한 계절 감각이 다양성을 수용하고 변화할 수 있는 유연성을 확장하도록 기여했을 것으로 본다. 화전 채집은 불태움을 이용함으로 땅속 영양분이 고갈되면 또 이동하는 번거로움 때문에 지속적 정주가 아닌, 일시적 정주생활은 순환적 수렵과 유사해서 힘은 들면서 안정성에 도움이 될 수 없어 채집보다는 수렵을 농경보다는 유목을 선호하는 경향도 생겼을 수 있다.

유목의 초기 형태인 순환적 수렵은 초식동물을 지배하는 절대자의 위치가 피포식자 시기의 맹수의 위치와 자리바꿈을 한 것으로 여겨져서, 오랜 본능적 살육의 트라우마에서 벗어나고 원초적 두려움의 극복

같은 본질적 치유(카타르시스)로 작용해서 권력의지의 대리만족을 느낄
수도 있어졌다.

4) 생존우선 본질

         :: 생존우선 본질이라는 것은 움직이는 생
명체를 형성한 본질적 바탕이라는 것으로 습속과 행동유형의 형성경
향이 생명에 저해되는 현상을 거부한다는 뜻으로 볼 수 있다.

 이것은 움직이는 물체의 행동성에 절대이기로 작용하는 불변의 진리
가 되었다는 것이 생명을 가진 동물의 애환일 수 있다는 것이다. 그것
은 생명이 없으면 생명체가 아니기 때문에 식물의 경우는 씨앗으로 아
니면 뿌리의 형태로 일정 시간 환경이 회복되기를 기다릴 수 있지만,
동물의 경우는 그러한 능력이 없기 때문에 현실에서 항상 살아있어야
하고 그렇게 될 수 있도록 모든 선택을 할 수밖에 없다는 것이다.

 이것은 생명 전체가 가지고 있는 영원한 본질일 수 있고 그래서 모든
행동의 마지막 회귀점은, 생명유지로 귀결되는 것을 영원 회귀성이라
고 할 수 있는 불변의 진리이다.

 그렇다면 오랜 기간 습관화되어 형성된 모든 행동유형의 습관화와
초습관화 그리고 관성화의 바탕에서, 스스로 죽음을 선택하여 포기하
지 않는 한 생명이라면 무조건적으로 생명유지 쪽으로 모든 행동형식
이 발현된다는 것이다.

그것은 환경의 변화와 시대적 가치의 변화에도 불문되고 형성의 조건이 어떤 것이라 하더라도, 신성불가침의 진리로 생명을 선택한다는 것이고 그렇게 되는 것에는 중첩강도가 작용한다고 보는 것이다. 현재 살아있는 모든 동물군들은 조상 대대로 생존을 선택했기 때문에 유전자를 남겼고 지금까지 지속되고 있는 것이 된다. 그리고 조상 대대로 생존을 선택할 수밖에 없는 억압이 강요로 작용했을 수 있음도 고려해 보는 유연성과 융통성을 허용하자는 것이다.

어떤 행동습관이 관성화되어 행동관성과 심리관성이 동질성을 보인다면 그것은 너무도 오래도록 수많은 세대에 걸쳐 형성된 초습관의 세습자기화 압력이, 세습 세대수만큼의 중력성 압력으로 축적되었고 그것을 관성적으로 선택할 수밖에 없는 바탕을 모든 생명체가 가지고 있음에서이다. 현대 법률 환경이나 범죄자의 처벌 형태를 보면 반복적 행동에 의한 범죄의 처벌을 가중하여 무겁게 처벌하는 형식에서도, 관성의 발현을 인정하는 것으로 보는데 하물며 수십만 년, 수백만 년을 반복적으로 동일한 행동유형을 반복했다면, 그것은 보편적 의지에서는 고칠 수 없는 중독성이나 본능성으로 보아도 될 것으로 인정되기 때문이다.

그러나 현재의 인류적 환경에서는 절대적 죽음을 피할 수 없는 조건이 전쟁이나 천재지변을 제외하고는 없어졌다고 볼 수 있다. 생각을 바꾸고 마음을 고쳐먹고 행동을 바꾸면 자존심 상하는 굴욕 같은 것은 있을 수 있으나, 피포식의 시대와 같은 절박함은 없을 수 있는 것이다. 욕심을 조금 버리고 스스로 막다른 위치까지 몰고 가지 않는다면 많은 선택을 할 수 있는 행동형식이 존재할 수 있는 것이다.

지금은 절대 포식자로 지구를 지배하고 있기 때문에 잠시 시간을 내어 자신의 행적을 성찰해보면 꼭 이기적 선택을 해야 하는가에 의심이 생길 수도 있을 것이다. 피포식자 시절에 형성된 행동이기나 생명에 문제가 없는 물질이기는, 포식자가 된 현재적 환경에서는 관성적 욕심이나 이기심은 절제될 수 있음을 살피자는 것이다.

되짚어보지 못한 이기심을 나 혼자가 아닌 함께의 인격적 인류로 또는 인문적 인류의 지성적 고려와 이성적 판단을 기대해보자는 것이다.

너무도 익숙해서 본능적이고 즉시적으로 발현되는 시원의 행동유형을 초현대환경의 고급교육을 받은 지성에 의해, 자신의 삶만을 목적으로 했던 피포식의 환경과는 대조적이라는 것을 고려할 수 없다면, 그 많은 시간 부담스러울 정도의 비용을 들여 10년 또는 20년 이상을 보낸 인내나 숭고함에 누가 되는 것은 아닐까?

인격기는 '함께'와 '더불어'의 가치로 사는 것을 보편으로 인정하고 있는데 꼭 나만 절대를 선택하는 경쟁으로의 회귀는, 비인격적이고 비인문적일 수 있다는 고려가 잘 못된 것으로 봐야 할 것인가?

중첩강도에 의한 행동선택은 언제나 시원의 행동관성이 선택될 확률이 높은 것은 관성의 속성에서는 합당할 수 있으나, 현재는 시원기도 아니고 초세기도 지났으며 인격기를 지나 인문기에 접어들고 있다면, 직접생존과 관계되는 것이 아니면 적절한 이기심으로 나를 모두의 관심에서 자긍심을 높일 수 있는 기회가 될 것이다.

야생의 많은 동물도 자신이 살아가는 데 심각한 불편을 주지 않으면 서로 못 본 척 함께 살아가고 있다. 그러나 오직 한 종의 동물만이 먹고 남아서 버리면서까지 이기심에 눈멀고 있는 것일 수도 있어, 그것은 피포식자 시절 나만 우월해서 살아남았다는 자존적 우월감을 소환한 것은 아닐까 의문스럽다.

시원의 피포식자일 때의 생명이기는 타의에 의한 쫓김에서 비롯되었을 수도 있고, 살고 싶은 스스로의 의지에서도 모두를 버리고 나만 살려고 했을 수 있다. 이때는 타의가 자의를 억압하고 강요했지만, 지금은 아무도 강요하지 않는데 나만의 이기심에 억압받는 존재로 남고 싶은 것일까를 살펴보자.

2

너와 나의 다름

1) 가풍의 다름

　　　　　:: 사람들이 살아가는 기초적 사회의 바탕
은 가정이라는 혈연적 씨족집단을 기본으로 해서 모든 삶이 형성되고,
그들만의 행동유형으로 세습되고 있는 것을 가풍이라고 할 수 있다.
다른 혈연집단에서 보면 그것은 그들만의 다름으로 구분하는 차별성
같은 것일 수도 있어, 그 가문의 개성 같은 것으로 볼 수 있고 정체성
으로도 볼 수 있을 것이다.

　이렇게 세습을 바탕으로 하는 가풍은 영·유아기부터 형성될 수 있
어 스스로의 판단능력이 없을 때부터 모성 따라 하기에서 시작되므로,
행동의 주체인 자신은 왜 그러한 행동을 하고 있는지에 대한 필요성을
알 수 없는 상태에서 나의 행동형식으로 고착해버릴 수 있다. 스스로

는 살아있기 위해서 하는 행동이고 생명체인 자신으로 보이는 행동이지만, 그러한 행동형식 외에는 본 것도 없었고 있는지도 알 수 없는 상태에서 나로 보이는 현실적 행동의 실체가 되었을 수 있다는 것이다.

이렇게 세습은 배경화되어 자신을 형성하는 주체이지만, 스스로 의식불가 상태에서 익숙해져서 편안해진 행동유형일 수 있는 것으로 자기화했다고 볼 수 있을 것이다. 나는 그냥 따라 했을 뿐이지만 세습은 나로 정의되고 나로 인식되어 언제나 회귀할 수밖에 없는 바탕으로 배경화된 것을 뜻하는 것이다.

이러한 가풍이라는 습속은 언제 시작되었는지 왜 시작되었는지를 알 수 없는 경우도 있지만 그것이 필요한 것인지에 대한 고려가 상실된 상태에서, 수많은 세대를 이어졌기에 그 세습세대의 많은 만큼이 무게로 작용하여 그렇게 할 수밖에 없도록 하는 압력으로 느껴질 수 있는 것이 된다.

그 가문의 모든 사람이 같은 유형의 행동을 하면 그 사람들의 수만큼의 압력으로 작용했을 것이고 또 세습 세대수만큼의 오랜 시간의 압력이 쌓인 것으로 볼 수 있어, 시간적 다수에 의한 압력이 부족성을 넘어 민족성으로까지 발전할 수 있어질 수 있다.

비슷한 형식의 사례로는 사회적 관행이 세습되면서 관습화하는 과정은 단일시간대이지만 공간적 다수가 같은 행동을 하는 세력적 압력에 의해, 어떤 지역성을 갖게 되거나 정체성으로 인정될 수 있으면 그것은 국민성 같은 것으로도 받아들여질 수 있는 것과 같을 수 있는 것이다. 이렇게 모두가 하게 되면 무감각해져서 그것은 그 가문의 또는 그 지역의 모두가 가질 수밖에 없는 배경화된 흔적 같은 것으로 볼 수 있고, 내부에 있는 이들은 그러한 것이 있는지 모르게 될 수 있는 것이다.

이러한 것을 '자기화'나 '동체화' 또는 '배경화'나 '흔적화'라고 할 수 있는 자기와 하나이면서 선대의 흔적이고, 그 시점의 배경 같은 것일 수 있어 스스로는 모르는 것이 될 수 있다. 이렇게 가문마다 중요시하는 또는 차별화 하고 싶은 우월성으로 스스로 자존심을 느끼고 싶어하는 가치적 삶의 유형은 너무도 많을 수 있는 것이어서, 어떤 것이 옳고 그름을 판단할 수 없는 검증이 누락된 행적들일 수도 있어 그 영향효과를 가늠하기가 어려울 수 있다.

그러나 그것은 세대가 반복될수록 지속적으로 회귀되는 행동유형일 수 있어 회귀성의 기초적 바탕이 될 수도 있다. 이렇듯 초습관화된 습속이라면 시원에서부터 영향을 받았을 수도 있고 아니면 초세기부터 형성되어 세습된 것일 수도 있지만, 가까운 몇 세대 또는 일, 이백 년 사이에 형성되었을 수 있어 같은 민족, 같은 부족, 같은 혈연적 집단이라 하더라도 조금씩 다를 수밖에 없을 것이다.

이러한 것이 그 사회나 집단의 다양성으로 발전하는 것이 되고 그러한 다양성을 수용할 수 있어지는 일반론으로 받아들여지고 있는 것이다. 결국, 다양성의 바탕은 이러한 가풍 같은 데서 출발했다고 볼 수 있어 사회발전 요소로도 작용할 수 있지만, 스스로 인지할 수 없음에 의해 내 허물은 보이지 않고 남의 허물만 보일 수 있는 역기능도 있음을 살펴야 할 것이다.

가문별 가정별 어른들의 행동습속에서 언행의 불일치가 있을 경우 그것을 자신에게 유리한 쪽으로 해석해서, 잘못된 기준으로 습관화되어 고착될 수 있는 우려도 가지고 있다. 그래서 기준이 없는 훈계나 언행의 불일치는 후대의 준거의식을 상실하는 결과로도 작용할 수 있어 세습이 주는 영향효과는 예상외로 확대될 수도 있어질 것이다.

그리고 또 다른 습관화가 주는 영향으로 익숙해져서 편안해지면 익숙함의 효율 때문에 남들보다 잘할 수 있는 것이 우월함으로 보일 수 있는 부작용도 있을 수 있다.

그렇게 될 경우 가풍의 세습습관화가 그 가문의 직업으로 세습될 수도 있게 되고, 경우에 따라서는 신분으로 고착될 수 있어 보편과 평등과 민주에 반하는 결과로도 작용할 수 있을 것이다.

2) 유소년 환경

:: 사람이 태어나 평생을 살아가는데 가장 중요한 기본적 환경을 설정하고 바탕화, 표본화하는 시기가 유소년 환경일 수 있다. 유년은 세습 따라 하기에 의해 행동지침이 습관화, 표본화하는 과정을 현상의 자기화, 바탕의 동체화라고 할 수 있고, 세습의 모성교감이 정서의 기본화로 받아들여지기 때문이다.

이러한 과정을 첫 감각 세팅(setting) 또는 초기화로 볼 수 있어 그 시점 모든 환경의 기본 토대가 되고, 행동유형은 습관적 행동의 표준으로 설정되어 그것과 다른 것을 비교하고 평가하는 가늠자 역할을 하기 때문이다. 이렇게 영·유아기에서 유·소년기 환경은 매우 중요한 거울화, 표척화되는 과정으로 첫 감각 세팅에서, 따라 환경설정으로 그리고 그것은 세상을 배우고 읽어가는 준거가 되어, 다른 것과 비교에서 유연성이 거부될 수 있는 절대화로 갈 수 있어 청소년기의 관계성 비교환경에서, 다양성을 배제할 수 있는 발판으로도 작용할 수 있어 충분한 고려가 필요해진다.

이 시기에 형성된 자기만의 세상의 기준과 준거가 다름으로 작용하여, 외부 또는 다른 사람과 구별되는 자기의 정체성 또는 자기로 정의되는 배경이 되기 때문이다. 유·소년기에 본 것은 옳고 그름의 구별보다 그러한 현상에 노출될 경우 대처하는 행동을 알고 있지 않음으로 해서, 본 것이 전부 행동화할 수 있는 습관으로 정립될 가능성이 있고, 그렇게 되면 행동관성이 심리관성으로 전이하면서 정서적 감성으로 고착될 우려가 있기 때문이기도 하다.

모성교감에 의한 세습 자기화는 판단과 평가의 준거가 되므로 스스로 인식되지 않을 수 있어, 비교표본으로 상호 동등성을 갖는 것이 아니고 절대표본으로 판단의 근거가 될 수 있는 것이다. 그래서 이 당시 행동유형이나 보고 알게 된 어떤 것들이 옳고 그름은 고려의 대상이 아니고 규범적 절대화가 될 가능성이 크기 때문에, 유아세습을 동체화, 자기화 현상으로 볼 수 있는 본질적 '화두'로 곱씹어 봐야 할 것으로 본다.

그리고 이 시기에 형성된 세습흔적이 배경화로 고착될 수도 있고 유소년기의 감수성에 따라 유연성도 동시화 될 수 있는 것이어서, 내부환경과 외부환경의 영향이 서로 다르게 작용할 수 있음도 살펴보면 상당한 고려점이 있을 것으로 본다. 내부 환경이란 세습행동의 자기화에 따른 배경화 고착의 잘잘못도 살펴야겠지만, 다양한 외부환경의 노출에서 그러한 본 것도 높은 감수성에 의해 또 다른 준거로 작용할 수 있는 역할과 기회도 주어졌다고 보기 때문이다.

이 시점의 외부환경은 세상을 알아가는 앎이 확장되어 가는 시기로서 교육의 중요성이 대두되고 있는 시점임을 함께 고려하면, 유·소년기 감수성이 다양성을 수용하고 흡수할 수 있어지는 절호의 기회일 수도 있어 고착을 방지할 수 있는 적절한 기회로 작용할 수 있다는 것이다. 결국, 세습의 고착에서 끼리 관계로의 상호작용이 변화로 작용할 수 있는 소아의 행동자립과 소년의 사춘기 관계설정은 새로운 자아를 발견할 수 있는 유연성과 가변성도 동시화할 수 있을 것으로 본다.

소아 행동자립은 세습 따라 형식을 간섭 없는 자기형식으로 정립하는 과정을 뜻하는 것이고, 사춘기 관계설정은 끼리 교감에서 이성교감 또는 사회관계성 교감에 따른 자기위상 설정을 뜻하는 것이다. 이러한 과정은 영·유아 세습 따라 행동의 무조건성과 선택불가성에서 유·소아기 끼리 교감으로 세습행동 유형을 비교하고, 스스로의 생활행동 유형정립으로 보는 세습간섭의 배제를 소아 행동자립으로 볼 수 있는 것이고, 소년의 사춘기 관계설정은 억압성의 세습 따라 하기를 거부하고 스스로의 끼리 교감을 바탕으로 어른들의 간섭이 없는 주관적 관계교감과 이성과의 분별교감 그리고 스스로의 행동형식을 스스로 정립하고, 그 행동에 책임을 지려고 하는 사회성에서의 자아를 찾아가는 과정으로 볼 수 있을 것이다.

이러한 과정을 지나 성인으로서 자주성을 확립하려는 시도가 책임지는 행동의 자주에서 삶의 근원적 뿌리인 경제적 자립은, 세습의 강요를 완전히 벗어나려는 과정으로 새로운 관행과 새로운 습관을 견인할 수 있는 주체로 확립되어가는 것이 될 수 있다. 이러한 과정을 지나면 외부환경의 영향성과 감수성은 둔감해져서 스스로 외부환경을 평가하고 차단할 수 있어지는, 행동관성과 심리관성의 새로운 주관자로 사회질서와 맞설 수 있는 안정된 자아가 확립될 것으로 본다.

유소년 환경을 잘 표현하는 속언인 "먹을 가까이하면 먹물이 든다." 라는 말은, 세습절대성에 짝지은 '흡착감수성'의 시기적 고려가 교육이라는 형식으로 일반화된 것으로 보인다. 대부분의 국가나 사회에서 유년기 의무교육이 도입되는 것을 보면 유·소아의 세습절대화를 방지하려고 조기교육을 장려하라는 것은 아닐까 한다.

영유아의 모성 격려 행복감이 세습 따라 하기의 호감과 모성 관심의 집중으로 사회성 관심과 이성 격려와 관심의 독점성을 자극하고 있는 것은 아닌지도 살펴봤으면 한다.

3) 인식의 다름

:: 사람들이 살아간다는 것은 살아있거나 살아가는 과정에서 부딪치는 많은 일과 사물의 현상마다, 그것이 스스로에 미칠 영향들을 알고 있어야 하고 그래야 어떤 문제에 대한 대처가 가능할 것이다. 그러한 일과 사물의 현상에 대해 대처할 방법을 모른다면 생존을 유지할 수 없는 경우가 생길 수 있어 나름의 판단 기준

을 가지고 있어야 하는 것이 된다.

그러나 일과 사물 또는 현상을 보는 관점이나 느낌에 따라 다르게 인식할 수밖에 없는 한계를 가지고 있고, 그러함에 대한 합리적 대안을 찾아가는 과정이 세상을 배우고 익혀가는 탐구를 포함한 생활 방식일 것이다.

유·소년기 세습 따라 하기에 의해서 나도 모르게 형성된 세상을 보는 기준이 생겼을 수 있고, 그것은 내가 판단하고 탐구하여 얻은 지식이 아니고 보고 배운 대로 하는 자연적 살기의 표현 형식으로 볼 수 있어, 진정한 나를 나타내는 것으로 볼 수 없는 것이 될 수도 있다. 그리고 가문마다 또는 사회나 부족마다의 고유한 정체성도 있고 해서, 자신이 속해있는 소집단의 삶에 대한 인식도 모두 다를 수 있지만 그것도 잘잘못이나 옳고 그름을 분별해 본적이 없이 관습화, 세습화되었을 수 있어, 과연 우리가 보고 느끼는 판단의 준거가 적절한지에 의문이 생길 수 있게 된다.

이러한 과정을 일과 사물에 대한 이해와 느낌의 다름으로 해서 생기는 관계성 문제가 될 수 있고 합리적 대처가 부실할 경우, 여러 가지 모순과 갈등을 안고 사회라는 관계적 구조 속에서 아파하고 원망하고 부딪칠 수 있을 것이다. 이러한 인식의 다름은 다양한 여러 관점을 볼 수 있는 좋은 참고적 현상일 수 있지만, 서로가 불신하고 서로의 욕구가 절제됨이 없다고 생각할 경우, 스스로 피해가 생길 수 있다고 우려할 수 있는 것이 사화라는 관계적 구조이기 때문이다.

그러한 바탕에는 함께 살 것인가 나만 우월할 것인가의 조정과 양보의 과정일 수 있지만, 그러한 배려가 생략되어 버리면 시원적 생명 속성으로 회귀할 수 있음이 언제나 문제의 발단을 제공하게 된다. 결국, 나만의 생존과 함께의 공존이 조화되지 못함에서 오는 우려일 수 있으나, 우월해서 존재한다는 생명체 자존의 뿌리 마음이 조화와 섞임을 방해하는 구조로 작용하는 존재의 타당성 인정과 각자 생명의 정당성을 증명하려는 원초적 관성이, 서로를 아프게 할 수 있음은 각각의 인식에서 다름을 바탕으로 하고 있다고 볼 수 있을 것이다. 서로가 같은 또는 비슷한 인식을 하면 아무런 문제가 될 수 없는 것들이 인식의 조그마한 차이가, 상호 모순적 갈등으로 진전되는 구조적 흐름의 바탕에도 또한 인식과 느낌의 다름이 깔려있음을 살필 필요가 있다.

입력이 다르면 출력도 달라질 수밖에 없는 것이 사물의 이치이듯이 형성이 다르면 발현도 달라질 수밖에 없을 것이고, 그러함의 형성이 세습인식에서 바탕된 것이면 적절함의 평가 없는 인식을 바탕으로 서로의 옳고 그름을 주장할 수 있어질 것이다.

이러한 것은 가풍의 편협 됨에서 생길 수도 있지만 유소년 환경의 다름에서도 오는 사례가 상당할 수 있어 유·소년기 그냥 따라 하는 세습이, 혈연가족의 편견으로 입력될 수 있는 것이라면 가족이라는 소수집단의 착오적 기초에서 발현될 수 있음도 살필 수 있는 여유가 필요할 수 있다. 혈연씨족이나 소지역 이기에서 출발된 다름에서 오는 현상이라면 그들만의 하늘로 보이는 우물 안일 수도 있어, 소수함몰에 빠지는 집단착오는 되돌릴 수 없는 상황으로 발전할 수 있어 인식의 다름을 가볍게 볼 수 없는 사례일 수 있다.

그것은 이미 정해져버린 내부와 그 외부의 다름에서 오는 문제일 수 있어 시원관성의 행동이기와 초세관성인 물질이기를, 현대를 사는 여유로운 가슴을 가진 이들의 봉사와 나눔에서 그 뜻을 헤아려지기를 바랄 수도 있음에서이다. 봉사는 행동이타를 실현하는 것이고 나눔은 물질이타를 뜻하는 것이어서, 동물적 본능에서 비롯된 이기심에서 각각의 소수함몰이나 착오가 입력된 것은 아닌지를 살피면, 봉사나 나눔은 또 하나의 다양성을 제공하는 기반으로 자리될 수 있을 것이다.

싫고 좋음과 옳고 그름을 구별하고 분별하는 과정을 소홀히 하면 세습인식 불능에서 오는 영향효과가 매우 심각한 과정으로 빠져들 수 있음도 있을 것이다.

우리가 사물과 일을 보고 느끼는 인식의 다름에서 오는 잘잘못을 소홀히 하거나 언행 불일치에서 오는 세습인식의 영향효과를 살펴보면, 그러한 것을 유소년들이 어떻게 받아들이고 이해할까도 결국은 잘못된 가풍의 세습에서 오는 습관화, 관행화일 수 있을 것이다.

4) 우월과 자존

:: 오늘을 살아가는 생명체는 상대적 비교에서 우월했기 때문에 존재할 수 있었다는 자존적 최면 같은 것이 본능처럼 존재하고 있는 것으로 보인다.

이렇게 우월과 자존은 타의에 의한 시원관성이지만 자의에 의한 자존으로 머물고 싶은 희망적 욕구가 그렇게 하도록 자극했는지 모른다. 시원의 관성은 살아남아야 하는 절박함에 주변을 돌아볼 여유도 없이 생존을 위한 도망에서 스스로를 위안할 필요가 생겼을 수 있다. 모두를 버리고 나만 생존한 것은 포식자의 쫓음에 의한 타의 유발이고 거기서 우월했다는 증명으로 살아남았기 때문일 수 있고, 모두를 버린 자괴감과 죄의식을 망각이라는 기능으로 포장하여 타당화하는 기만은 스스로를 위안하기 위한 자의적 자존을 실현한 것일 수 있다는 것이다.

이렇게 시원의 원초적 본능에 의해 피포식의 트라우마를 넘어서려는 절절함의 욕구적 자극에 의해 실현되는 자위적 표현일 수 있고, 스스로의 지배욕을 실현하고 싶은 우월함을 관성적 반작용으로 몰아가면 포식의 위치교환이라는 상대적 자극을 받을 수 있다. 생존의 우월과 존재의 자존은 생명 정당성을 인정받으려는 존재의 욕구일 수 있고 그것은 생명우선이라는 본질적 자존에서 출발했을 것이다.

우월해서 생존했다는 시원의 무조건성이 자의적 자존을 설명하는 근거가 될 수 있다면 많은 가치 혼란의 원죄를 부여했을 수 있다. 그것은 시원의 조건에서 타당화되는 사안들을 현실의 여건에서 합당함을 변명하려는 빌미일 수는 있으나, 형성시점과 발현시점의 환경적 다름을 분별할 수 있어지면 초습관화의 관성적 영향효과임도 구분될 것이다.

약간의 억지스러움이 있는 타의적 우월을 자의적 자존으로 적당화하면, 타의와 자의가 혼돈을 가져올 수 있어 혼란을 지속시킬 우려가 현재형으로 있을 수 있다는 것이 되는 것이다. 그것은 검증 없는 세습인식을 토대로 현상을 평가하고 판단해버리면 스스로 혼란을 자초하는 것과 같은 것이 될 수 있음에서이다. 시원의 감성적 행동의 바탕을 좋음과 싫음으로 구별된다면 초세의 인격적 고려는 지성적 옳음과 그름으로 비교될 수 있고, 이러함을 여건의 인과로 보아 잘됨과 못됨으로 구분하는 슬기로움이 함께 작용할 수 있을 때 합리적 설명이 가능할 수 있기 때문이다.

세습인식에서 언행의 불일치를 어떻게 수용하고 비교의 준거로 할 것인가는 그것을 보고 인식하는 느낌에 따라 달라질 수 있음이, 우월과 자존의 바탕적 다름을 하나로 보려는 부적응과 자의와 타의를 뭉뚱그리려는 시도와도 관계될 수 있음에서이다.

그것은 선행세습 행동의 표현이 좋고 싫음을 옳고 그름으로 인식되어 버리면 세습후행의 준거가 좋은 것이 옳은 것이 되고 싫은 것이 그릇된 것으로 거울화할 수 있고, 옳은 것을 좋은 것으로 그릇된 것을 싫은 것으로 선행세습이 실현되면 객관적 판단이 주관적 판단을 앞설 수 있다고 세습후행이 표척화되기 때문이다.

이렇게 어떠한 인식의 환경과 인과는 없고 결과만 좋은 것이 옳음이고 싫은 것이 그릇된 것으로 정리되면 판단의 준거가 감성화되는 영향 효과로 나타날 수 있다.

옳고 그름이 좋고 싫음으로 선행세습 비율이 7:3에서 4:6으로 좋고 싫음이 옳고 그름으로 일관성 없이 넘나들면, 세습후행은 판단의 준거가 모호하여 혼란스러울 수 있고 그러함을 방지하려고 스스로 옳고 그름을 설정하는 착오가 실현되면, 선행세습과 세습후행과는 의사소통에 많은 문제로 작용할 수 있어질 것이다.

이것도 우월과 자존의 역설과 맞물려 상호작용하면 옳은 것도 없고 그릇된 것도 없으며, 잘됨과 잘못됨을 각자가 모두 스스로 설정하는 것이 갈등의 원인으로 작용하는 모순으로 될 것이다. 시원기에는 우월과 자존이 포식자와 피포식자의 위치교환을 위한 만용적 용맹함이 되어, 불에 대한 도전의 에너지로 작용했을 수 있는 순기능이 되었을 수 있다.

영혼을 행동력과 관계되는 실행의 중요성을 자극하는 원천적 에너지로 본다면, 포식자와 위치교환을 위한 맹목적 도전으로 불에 대한 욕구가 원한과 적개심 그리고 복수의 응어리로 작용했을 수 있어, 불을 얻는 무한도전을 가능하게 하고 그 미련함이 인격으로 승화했을 수 있을 것이다.

이렇게 끝없는 무모함이 도움이 될 수도 있지만 너무 많은 희생을 가져왔다면, 우월과 자존의 타의와 자의의 혼동과 옳고 그름과 싫고 좋음의 불안정성이, 인문기 새로운 도전의 에너지가 될 수도 있어질 것이다. 종교적 등신불이나 순교적 영생 또는 살신으로 얻어낸 예술혼과 장인정신 같은 것도, 같은 의미로 우월과 자존을 실현하려는 도전과 성과로 여겨질 수 있을까 한다.

3

양성의 다름

1) 남자의 행적

　　　　　:: 불특정 다수의 사람이 사회라는 구조 속에서 모여 살게 되면서 다름에 따른 문제들이 발생되고, 조정하고 함께할 수 있는 공통점을 찾음으로 그들이 무리를 유지하고 사회를 구성했을 것이다. 그들의 기본적 다름은 너와 나라는 다름에서 출발해서 함께로 협력함으로 사회를 구성할 수 있었으나, 유지할 수 있는 것은 또 다른 문제를 해결해야 가능할 수 있었다. 그것은 남자와 여자라는 양성의 존재와 함께하려면 그들은 동등해야 하는 전재가 필요해졌다.

　너와 나는 평등을 서로 받아들여야 함께할 수 있는 것이지만 남자와 여자라는 양성은 서로 평등할 수 없는 신체조건을 가지고 있어, 다름을 서로 존중함으로써 동등해지는 합의가 있어야만 함께할 수 있는 존재적 상호보완이 필요해졌다. 양성이 서로 다름을 존중하려면 무엇이 다른지를 서로 알아야 하고 그것을 충분히 존중해 줄 수 있을 때 유대 관계가 유지될 수 있는 조건이 되는 것이다.

그러함의 조건을 받아들여 함께라는 공동체가 유지되려면 그들 무리의 보호와 보존이 필요해졌고, 그것을 위하여 그것을 지킬 힘과 힘을 조정할 수 있는 서열이라는 질서적 구조가 필요해졌다. 그래서 그것을 하는 것이 힘을 가진 남자들의 구조적 바탕이 되었고, 그들 무리가 안정되게 살 수 있으려면 그들의 터전이 될 수 있는 영역을 지배할 수 있는 힘의 집합체가 필요해질 것이고, 그것이 남자들이 해야 할 영역을 지키기 위한 전사의 역할이었다.

그리고 그 힘과 서열을 지키고 지배영역을 보존하기 위해 생명체의 자연수명에 의한 순환을 받아들여 새로운 힘이 노쇠한 힘을 대체하는 도전이 지속될 수밖에 없을 것이다. 그렇지 않으면 그 구조적 무리는 무너졌을 수 있을 것이고 힘의 교환은 등극과 퇴출이라는 과정이 필요해졌고, 새로운 힘의 등극은 목적달성의 표적과 같은 것이 되었을 것이다. 이러한 구조를 지키고 유지할 수 있게 하는 것이 남녀의 다름에서 오는 힘을 가진 남자의 역할이었고 그러한 것을 실현한 것들이 남자의 행적으로 축적되었을 것이다.

곧 남자의 존재 인정은 힘의 우위를 정립하는 지도력 또는 지배력 같은 것이 우선될 수밖에 없을 것이고, 그렇게 하려면 힘의 우위를 가늠할 수 있는 서열이 정립되지 않으면 혼란스러울 수 있을 것이다. 결국, 남자들은 힘의 본질을 실현하려는 서열을 정립하는 것이 무리 유지를 위한 질서적 바탕이 될 수 있어, 그것은 사회라는 구조의 필요적 목적 달성의 절차로 받아들여 도전을 지속할 수밖에 없었을 것이다.

도전을 전제로 하는 서열 정립은 결국 경쟁적 서열화로 자리 잡아갈 수밖에 없었을 것이어서 그러한 경쟁을 각자 스스로 완성해야 했다. 남들의 도움이 없는 경쟁의 과정은 자력에 의한 자립으로 각자 자주성을 보여주어야 서열을 서로 인정할 수 있어지는 것이어서, 남자는 스스로 모든 것을 해결하는 능력들을 쌓아갈 수밖에 없는 함께의 사회 속에서 홀로의 도전을 계속하는 모순성을 보여줄 수도 있었을 것이다.

이렇게 힘과 서열은 우월과 경쟁의 동의어가 되었고 이것은 시원의 습속인 우월과 자존을 실현하는 과정으로도 볼 수 있어, 남자들의 행동 바탕이 시원적 초습관화에서 유래되었다고 볼 수도 있다.

사회라는 구조는 '너와 함께'라는 본질과 '여자와 함께'라는 포용성이 없으면 유지할 수 없는 형식이어서, 남자의 행동지침으로 이 둘을 유지하면서 힘과 서열에 도전하는 역할을 수행하는 생명체로 자리매김 되었다고 본다.

그리고 그 사회를 지속적으로 유지하는 것이 생명의 영원성을 보장하는 것이어서, 여성의 인정과 남자로서의 역할에 대한 격려가 있을 때만 유전자의 지속이 가능할 수 있어, 결과적으로 경쟁의 본질은 이성의 칭찬 같은 것이 될 수도 있을 것이다.

이러한 칭찬은 모성 격려를 소환하는 것으로 볼 수 있어 모성 행복의 향수를 자극하는 과정이 이성의 인정이라는 회귀성을 갖게 되는 것이다. 이렇게 여성의 힘은 모성을 바탕으로 출발했다고 볼 수 있어 남성에게는 끝없는 도전을 가능하게 하는 힘의 원천일 수도 있게 되는 것이다.

　이러한 모성 사랑의 행복감은 영·유아기 관심집중의 원천적 뿌리 같은 것이어서, 이성의 집중적 관심을 유도하는 뿌리 공감으로 작용하여 이성을 불편하게 할 수 있는 원인으로도 제공되고 있고, 생명 지속을 위한 유전자 지속은 여성의 인정과 남자의 협력이라는 상호성도 있고 해서 그 바탕을 유지하는 원천을 이성 간의 사랑으로 볼 수도 있을 것이다.

　남자들 행적의 기본은 시원의 행적과 유사함이 있고 그 지속성은 도전과 경쟁이라는 힘의 속성에 의해 단순성을 가질 수 있으면서도 단시간성으로 볼 수도 있다. 남자들은 자립에 의한 자신의 우월을 증명하는 것이 오래된 관성의 억압 같은 것일 수 있는 짧음이지만 여성은 2세의 우월을 위한 지속성도 다름으로 될 것이다.

2) 여자의 행적

　　　　　　　:: 양성의 다름이라는 것을 동등한 경우로 살핀다면 여성이 약체의 대표성 같은 것으로 남자보다 체력적 열세를 인정하고, 평등해질 수 있는 지혜라는 것을 열세의 보완으로 무장했다는 것이 될 수도 있다. 그리고 그 지혜를 바탕으로 자신이 하고 싶은 일을 이끌어 가고 싶은 곳으로 가도록 하는데 2세라는 영원생명을 실현할 수 있는 능력이 있다는 것이다. 그리고 그 2세의 안정적 육아

를 위해 협력을 선택하고 우월적 유전자를 증명하려는 끝없는 도전을 하는 무모함도 있을 수 있을 것이다.

다음 세대의 안정적 양육은 혼자 할 수 없는 지혜를 요구했기에 경쟁적 서열이 아닌 관계적 서열을 활용하여 협력하고, 협립하고, 협주할 수 있는 능력의 필요가 사회라는 구조의 관계성과 잘 어울릴 수 있어 인격기를 살아가는 데 장점으로 작용했을 수 있다. 남자는 스스로 우월을 증명하는 자주와 자립과 자력이라는 사회성과는 반대적 과정이 필요했기에, 인격기의 규범 수용과 안정적 삶에 합리적인 관성화를 선점했을 수 있는 본질적 유리함도 함께하고 있는 것으로 보인다.

사회의 기반인 함께의 관계성 질서를 수용하고 협력할 수 있는 바탕을 배경화할 수 있는 근거는, 모성의 흔적복제에 의한 관성을 내재하고 있음의 결과로 볼 수 있을 것이다. 이러한 것이 존재의 당연성을 실현하고 정당성을 증명할 수 있는 여성만의 본능일 수 있어 습관화와 관성화를 위한 합리적 선택을 직관적으로 가능하게 하는 본질일 수 있을 것이다.

사회를 형성하고 유지하는 협력의 관계성을 모성이라는 본성적 흔적으로 자기화되어있기 때문에 여성이 살기 좋은 세상이 진화와 발전의 토대로 작용할 수 있을 것이다. 그러나 사회구조가 관계성을 바탕으로 유지되는 공동체임은 분명하나 여성성의 절대적 우월은 모성성을 위축시킬 수 있어, 유전자 소멸을 자초할 수도 있는 것이어서 생명본질의 영원성은 모성성만이 유지할 수 있는 반작용도 수렴해야 할 것이다.

생명은 유전자 지속이 목표일 수 있어 그것은 여성의 소관이면서 권리와 같은 것이 될 수 있어, 결과적으로 사회적 우위는 모성을 담보한 여성성이 지배할 수 있는 고리도 가지고 있어, 굳이 약함으로만 볼 수 없는 힘의 연동성도 가지고 있게 되는 것이다. 여성성과 모성성은 유사함도 있지만 다름으로 구분될 수 있는 분명함도 있어 살펴보는 지혜가 필요해질 수 있다.

그것은 유사함이면서도 본질적 다름일 수 있는 여성의 장점이 사회적 관계성의 근원을 모성의 내재화 자기화에서 찾을 수 있기 때문에 여성성은 모성의 흔적으로만 작용할 수 있다는 것이다. 유전자 우월을 증명하여 2세의 사회적 역학구도를 지배적 구조로 실현하려면 반드시 모성성을 행적으로 남겨 우성화시킬 수 있는 세습화가 가능해야 하기 때문이다.

여성성의 모성은 흔적으로 작용하지만 생명의 영원성을 실현하려면 모성이 현실에서 실행되는 행적으로 남겨져야 여성의 존재목적을 달성할 수 있음이 동시성을 갖기 때문이다. 이렇게 모성은 여성에는 흔적으로 내재되어있지만 남성은 외향적 추구로서 모성흔적을 자극할 수 있어 함께의 사회적 관계성에 불리할 수 있음도 양성의 다름일 수 있다.

일반적 생활에서 여성과 남성의 다름은 정서적 다름과 표현적 다름을 행적으로 남겨 초습관화를 지나 관성화가 실현되고 있는 것은 어떤 것이 있을까? 일반적 보편성으로의 다름은 청결성을 바탕으로 하는 아름다움을 유채색으로 표현하는 생활감성일 수 있을 것이다. 그리고 또 하나 다름은 동심 공감의 감성적 표현력의 넓고도 깊음일 수 있다. 청결성의 모성흔적은 육아과정의 위생적 행동형식이 2세의 생존율을 높일 수 있고, 건강한 개체로 성장시킬 수 있는 필요적 습관이 세습화 자기화 되었을 것으로 가늠할 수 있을 것이다. 그리고 유채색의 아름다움을 본성적으로 추구하는 관성화는 위생적 청결을 바탕으로 영유아의 시각적 감수성을 확장하면, 자연에서의 분별적 능력도 향상되지만, 상호반응을 통한 교감성에 도움이 될 수 있어 동심적 반응유도에 관계되는 것으로 볼 수 있다.

다양한 반응과 미세한 분별성이 육아과정의 발전성을 이끌 수 있음도 유전자 우월을 유도할 수 있는 모성의 흔적일 수 있고, 감성의 풍부함과 수다도 육아과정의 표현과 언어소통 능력을 향상하는 의사전달과 이해능력 향상 등 공감능력과 관계적 사회성을 확장하는 모성의 흔적이 발현한 것일 것이다.

여성의 가장 본능적 다름 같은 불가사의적 관성은 수다와 잔소리로 볼 수 있을지 모른다. 그러나 그것도 육아과정의 건강하고 능력 있는 2세 양성을 위한 모성관성에서 유래하였을 것으로 인정되어, 여성에 내재되어있는 모성이 사회와 생존의 능력 향상에 얼마나 많은 기여를 하는지 새삼 존경스러울 수 있을 것이다.

3) 모성의 발현

:: 여성성의 가장 중요한 가치는 안정일 수 있다. 그것은 출산과 육아라는 절대적 안전이 필요한 과정을 스스로 맞고 감당해야 하는 생명 본질적 문제가 있기 때문이다.

이 과정은 상당한 기간을 어쩔 수 없이 맞아야 하는 것이고 스스로 가장 취약한 시간대여서 혼자서 안전을 감당하기가 불가능할 수 있기 때문이기도 하다. 이 시기는 여성성에서 모성성으로 전환되는 시간대이기도 하고 위험에 노출될 경우 저항할 수 없는 가장 불리한 시점이어서, 주변의 상황이 충분한 안정이 보장되지 않으면 2세의 안정양육과 스스로의 생명보전에 심각한 영향이 불가피함을 본능적으로 여성성에 내재되어있는 모성의 흔적 같은 것이 된다.

이 시점을 전환점으로 여성이라는 생명본질에서 모성이라는 생존본능으로 '상변화'가 이루어져 종전과는 완전히 다른 생명현상으로 탈바꿈이 진행되기 때문에, 여성에서 모성이 감당해야 할 가장 중요한 생명의 영원성을 유지하는 생명체 자연의 섭리와 같은 것일 수 있음이다.

이 시기부터는 2세와 동체였던 과정에서 둘의 생명체로 분리되는 생명의 영원성이 보장되는 '둘이면서 하나이고, 하나이면서 둘'이었던 과정은 내가 살아있듯이 2세도 또한 살아있어야 하는 공존의 사명이 숙명처럼 부여되었기 때문이다.

인류가 사회라는 집합체를 형성하고 살아가는 본질적 문제의 바탕에도 공존의 가치가 가장 중요한 덕목이었듯이, 그것을 최고의 숭고함으로 실천하고 있는 과정이었기 때문에 인류정신의 뿌리적 바탕일 수 있는 것이 된다. 그리고 2세가 성장하여 스스로 삶을 누릴 수 있을 때까지 보호해야 하는 헌신적 가치는 이타의 본질로 세습 관성화되어 영유아의 세습 행동형식의 배경으로 자기화되어, 인류의 본질적 이타성의 흔적으로 모두에게 지속될 수 있도록 자연적 관성화가 세습 습관화로 발현되는 절차적 회귀성을 실현하는 것이 된다.

이러한 과정은 인류의 배경적 흔적이 되어 생명과 생존의 본질적 근거가 되기 때문에 동시성으로 결합될 수 없는 생존과 이타가 동시에 추구되는 인류가치의 가장 숭고한 본성적 본질일 수 있는 것이다. 이기와 이타가 동시성으로 이루어질 수 없는 성질의 것이나 모성은 그것을 가능하게 하여 가장 핵심적 강요인 생존을 실현하면서 2차적 강요인 공존을 동시화함으로, 모든 인류가 살아있으면서 함께 살아가는 원초적 바탕을 태아·영아기에 따라 할 수 있는 모형을 실천한 것이 된다.

그래서 이러한 모성성이 위축되는 환경은 '종'의 도태로 진행할 수 있는 위험요소를 포함하고 있어, 출산과 영아의 안정은 지속이냐 단절이냐를 결정하는 상변화의 위대함을 모성이 보여주는 것으로 보인다.

2세가 없으면 모성은 불필요한 삶의 가치가 될 수 있어 세상의 지속이라는 영원회귀를 실현하는 근원성인 인류가치의 뿌리이면서 또한 씨앗으로 모성이 존재하기 때문이다. 이렇게 여성과 모성은 1, 2차 강요의 반작용과 유사한 경험과 흔적의 배경을 가지고 있어 보편적 삶의 과정에서 남자들보다 유리한 직관적 판단능력이 감성화된 것으로 볼 수 있다.

여성성과 모성성은 동체이면서 한쪽이 위축되면 한쪽이 강화되는 현상을 보여 두 가지의 원천강요가 실현되는 반응과도 같을 수 있고, 이러함이 인륜과 도덕의 근원을 모성에서 발현한다고 할 수도 있을 것이다. 그러한 점에서 보면 여성성은 존재일 수 있고 모성성은 지속일 수 있다. 그것이 영원회귀의 모태인 모성회귀와 생명우선 회귀의 유사성이 될 수 있다.

이러함은 인류를 유지 존속케 하는 이타적 희생의 본질이 모성에서 흔적복제 되었기 때문에 인류는 선할 수 있는 바탕이 되었고, 인류 보편의 사랑과 인간애도 모성에서 유래한다고 볼 수 있을 것이다. 이러한 숭고함은 모든 생명체의 모성으로 배경화되었을 것이나 동물은 모성을 실현할 수 없고, 사람만 모성을 실현할 수 있게 된 것은 최고 포식자가 되었기 때문에 그것이 가능하게 된 것으로 본다.

그리고 모성은 1, 2차 강요의 근원적 흔적 같은 것일 수도 있어 세습관성에 의한 복제발현을 가능하게 했듯이, 남성과 동등하기 위해서 여성성이 강화되면 모성성이 위축될 수밖에 없는 양면성도 동시에 고려가 필요한 것이 되었다.

모성은 이기와 이타가 동시에 작용하는 유체분리 같은 현상일 수도 있어 삶에서의 선택과 고려의 요구를 하고 있는 것으로 볼 수 있다.

4) 흔적복제의 발현

　　　　　　　　　:: 모성의 행적이 태아와 영아기의 교감과
유아기 따라 하기와 느낌의 공감 그리고 소아기 모성 따라 하기가 세습
되어서, 자기화되는 과정 모두를 모성의 세습 흔적이 2세에게 초기화
세팅(setting)되는 것으로 보아 '흔적복제'라 하고, 그것이 후대의 행동
이나 심리에 영향으로 남아 그러한 여건이 되었을 때 발현되는 것으로
설명될 수 있을 것이다.

그러한 것을 뭉뚱그려 모성 관성의 복제분열이라고 말할 수 있고, 모
성 또는 세습의 행적흔적이 생체복제 되어 실현되는 것으로도 느낄 수
있어 유전 상속되었다고 볼 수 있는 과정과 현상을 뜻하기도 한다.

모성성의 타체 동일체 사랑의 유아 따라 하기가 실현될 경우 선대의
감성이나 행동의 흔적이 배경화되는 것으로 볼 수 있어, 이것을 세대
를 순환하는 회귀로도 볼 수 있을 것이다. 모든 생명은 모성으로 초기
세팅될 수밖에 없는 구조적 과정이기 때문에 모성 감성과 행적의 흔적
이 남아있을 수밖에 없다고 보는 것이다.

이러한 현상을 설명할 수 있는 예로는 바다거북의 산란과 회귀과정
까지로 비교할 수도 있을 것이다. 우리는 모든 것을 보고 배우거나 교
육을 통해서 알아지면서 그것을 행동할 수 있는 동기로 부여되었다고
생각할 수 있는데, 거북의 알은 모래 속에서 그냥 깨어나고 그래서 생
명이 실현되면 자동적으로 바다로 갈 수 있게 되고, 그리고 수십 년
을 누구의 가르침도 없이 스스로 망망대해를 삶의 바탕으로 돌아다니
다가, 다음 세대의 영원회귀를 위해 태어났던 해변으로 돌아오는 과정

은, 아무도 가르쳐주지 못했기 때문에 그러한 과정 모두를 모성의 흔적복제로 보는 것이고, 그냥 '흔적복제'라 일반화할 수 있는 것이 된다.

물론 이러한 현상은 다른 많은 생명체에서도 관찰되고 있는 자연현상으로 연어의 회귀도 같은 과정의 현상으로 볼 수도 있고, 남의 둥지에 탁란을 하는 새들도 다른 종의 어미로부터 양육받았지만, 그들이 탁란의 현상을 보지도 못했고 배워볼 수 있는 현상도 없었지만, 그 어미가 했던 것처럼 또다시 탁란이라는 과정을 통해 양육하는 자연의 섭리 같은 것도 '흔적복제'로 밖에 설명할 수 없기 때문이기도 하다.

모성이 세습과 같은 과정으로 흔적복제 되지 않는다고 보면 인류의 동질성이나 인류애의 동질성 바탕을 설명할 수 없을 수 있기 때문이다. 사람들은 말도 다르고 행동하는 형식도 다르지만 본질적 감성과 행동모형은 같음에서 출발했을 것으로 볼 수 있는 여건이 너무도 많기 때문에, 그러한 것을 초월하여 모두 같을 수 있는 공감적 행적을 보인다는 것에서도 관성에 의한 모성의 흔적복제 또는 모성의 초습관화 세습으로 인정할 수밖에 없을 것으로 본다.

이렇게 모성 흔적은 초습관화의 반복을 통해 회귀하고 발현될 수 있는 구조적 과정을 설명하는 방식을 '흔적복제'의 발현으로 일반화하려는 것이다. 인류애의 뿌리를 모성 사랑에서 모성 행복으로 회귀하는 것으로 볼 수 있다면, 누구나 관심을 받고 싶어 하는 관심의 원인도 영유아기의 모성 관심에서 출발했다고 할 수 있을 것이고, 아무리 어려운 일이 있더라도 최소한 누구 한 사람의 관심만 받을 수 있으면 어려움을 헤쳐 나갈 수 있는 힘이 주어지는 현상도, 하나뿐인 모성 관심의 집중도에서 원인을 찾을 수 있기 때문이다.

이러한 것이 모성 사랑의 복제흔적으로 모성 행복을 향수하게 하는 추억으로 모두에게 각인되어있는 것일 수 있다. 영유아기 가장 행복했던 시간의 흔적은 기억될 수는 없을 수 있지만 받은 사랑을 느낌으로 알고 있다는 것이 된다. 우리가 흔히 말하는 '측은지심' 같은 공감도 모성 사랑의 흔적으로 볼 수 있고, 그러한 모성 흔적이 잔상으로 남아 모두에게 복제 지속되는 것으로 본다는 것이다.

인류애의 동질성이 모성에서 유래되었고 인류 공감대는 모성흔적의 잔상으로 복제되고 보편화되어 지속되고 있는 것으로 정의하는 것이다. 그러함을 보편적 가치로 되짚어본다면 여성이 살기 좋은 세상이 모두가 살기 좋아질 수 있는 여건과 같은 것이 될 수도 있고, 여성이 살기 좋은 세상이 약자가 배려되는 세상의 출발점이 될 수 있는 것이다. 그렇지 않으면 모성은 계속 위축될 수밖에 없을 것이고 모성이 위축되면 인류애의 본질인 모성 사랑이 점점 소멸되어 각박한 세상이 될 수밖에 없기 때문일 수 있다. 이렇게 모성 흔적이 태아에 복제되어 실현되는 과정으로 세포분열처럼 모두에게 상속 유전되는 것은 아닐까 하는 것이다. 그것은 모성보다 숭고한 헌신과 사랑이 없기 때문이다.

4

행적의 변화

1) 강요의 이해

:: 사람들이 살아가면서 여러 유형의 많은 행적을 남기고 또 필요에 따라 상황에 따라 변화되는 행적을 남겼을 것이다. 행적이 바뀌어가는 과정에는 여러 요소가 있을 수 있으나 기본적으로 생존과 관계될 경우 따를 수밖에 없는 경우가 생길 것이고, 살아가는 과정에서 자신에게 도움이 될 수 있는 일이 있다면 이익을 위해 소신이나 가치를 선택하지 않을 수도 있을 것이다.

그리고 모두의 희망일 수 있는 가치를 위해 자신의 삶의 유형을 바꿀 수 있는 행적을 남긴다는 것은 상당한 어려움이 있을 것이다. 그것은 자신의 삶에 중요한 몇 가지를 버려야 얻을 수 있는 것이 될 수도 있기 때문이다.

우선은 생존의 어려움을 감수해야 될 것이고, 자신에게 이익이 될 수 있는 유익함을 포기해야 할 수도 있을 것이고 그리고 가치는 실체적 형상이 없을 수도 있고 그 가치라는 것이 내게 좋은 것보다, 다른 이에게 좋은 것이 될 가능성이 있기 때문에 모두는 좋아할 수는 있으나, 내 주변의 직접 생활권에 포함되는 가까운 이들에게 고난을 감당해야 할 수 있는 행적이기도 하기 때문이다.

그러나 이러한 행적들은 원천적 삶에서 강요에 의해 불가피하게 선택되는 경우도 있을 것이다. 그것은 불과 인격을 얻기 전의 피포식자의 행적이 습관으로 남아 관성화되었다면 나도 모르게 내가 살아가는 데 도움이 될 수 있는 생존에 유리한 행동을 하도록 강요했을 수도 있을 것이다. 그리고 인격기가 되면서 공동체가 형성되었고 공동체를 지키기 위해 합의된 행동을 해야 하는 규범 같은 것이 행적을 통제하고 그렇게 하지 않으면 공동체 일원으로 인정하지 않으려 하는 타자에 의한 강요도 있을 것이다. 이러한 것처럼 살아야 하기 때문에 생기는 행적에 대한 억압을 생명체의 본질과 관계되기 때문에 1차적 강요라 하고, 혼자는 살 수 없는 것이 사람이라는 생명체의 속성이어서 함께 살아가기 위해서 부여되는 억압을 공동체 규범을 지키는 의무 같은 것으로 2차적 강요라고 할 수 있다.

이렇게 살면서 따를 수밖에 없는 억압에 굴복해서 싫어도 해야 하는 행적의 유형을 강요라 할 수 있고, 이러한 강요에는 반대급부로 이익이 생길 수 있는 것이 있어 상호성에 따른 선택일 수 있을 것이 된다. 그러나 이러한 선택은 한쪽으로 너무 치우칠 경우 내게 불리할 수도 있고 아니면 다른 이에게 불리한 것이 있을 수도 있어 내가 바란다고 모든 것이 가능하지 않을 수 있을 것이다. 그것은 내게 좋은 것과 다른 이에게 좋은 것이 서로 비슷할 수 있을 경우는 별문제가 되지 않을 것이나, 내게 좋은 것을 더 많이 하려고 하면 다른 이의 좋은 것이 침해될 수 있을 경우, 다른 이가 양보하려 하지 않으려 하기 때문에 여러 문제가 발생할 수 있고 갈등이 확대될 경우 처음부터 양보했을 경우보다 더 어려워질 수 있기 때문이다.

이렇게 내게 좋을 수 있는 1차적 강요와 다른 이에게 좋을 수 있는 2차적 강요의 합의점을 찾아 행동할 수 있는 선별력은 세상을 살아가는데 좋은 행적을 남길 수 있게 할 것이고, 그러한 선별력에 의해 행적이 습관화되고 그것이 세습화될 수 있으면 그것은 그들의 품격이 되어 존경을 받을 수 있게 될 것이다.

간단히 1차적 강요는 이기심일 수 있고 2차적 강요는 이타심일 수도 있어, 한쪽을 선택하면 한쪽을 포기해야 하는 상대성을 가지고 있어 어느 쪽도 소홀히 할 수 없는 선택의 갈등으로 작용할 수 있을 것이다. 이러한 것은 오늘의 이익을 선택할 것인가 또는 내일의 이익을 선택할 것인가 와도 같을 수 있고, 여성성과 모성성의 관계와도 유사함이 있어 여자들이 더 현명한 선택을 할 가능성도 있을 것이다.

결국, 강요의 수용은 생존의 문제와 공존의 문제가 본질일 수 있어 이 둘의 적절한 조화가 중용이 될 수 있을 것이다.

사람들은 행적을 남긴 후에는 좋은 것만을 기억하려 하고 자신에게 불리한 기억은 소홀히 하는 경향이 있는데 그것은 시원의 초습관화에서 유래된 관성일 수 있다.

시원의 피포식기에는 포식자에 의한 가족의 살육을 기억하고 마음

속에 남겨두는 것은 너무도 가혹할 수 있어, 그 고통을 잊고 살아남기 위해서 살육의 트라우마를 고의적으로 지워버리는 것을 습관화했기 때문에 이것도 강요의 한 유형일 수 있다.

이렇게 좋은 것만을 기억하고 잘못된 것을 잊어버리는 관성은 1, 2차 강요의 선별을 잘못했을 경우도 잊어버리게 하는 고의성으로 작용할 수 있어 현대를 살아가는 이들을 불편하게 할 수 있을 것이다.

이렇게 습관화의 관성을 압력으로 이해할 수 있을 때 강요를 이해할 수 있고, 세습의 자기화와 동체화를 인지해야 강요의 본질에 다가설 수 있을 것이기 때문에 억압은 존재와 관계되는 것이 될 수 있다.

2) 유익정보 활용

:: 불을 얻어 최고 포식자가 된 인류는 경쟁할 다른 동물이 없어지므로 무한 번성할 수밖에 없었고, 그것은 서로 간의 충돌과 경쟁으로 이어질 수밖에 없었을 것이다.

충돌과 경쟁에서 불편해졌든지 또는 갈등 없는 여유로움과 행복함을 위해서 그리고 좀 더 살기 좋은 곳을 찾아서 계속 이동과 확장을 하는 것은 당연함일 것이다. 이렇게 이동과 확장의 과정은 부족 간 또는 씨족 간에 상당한 거리를 두고 서로의 삶에 충돌이 없을 거리만큼을 떨어져서 생활하게 되었고, 특별한 일이 없으면 서로의 연락이나 관계적 소통이 없이 한동안을 지냈을 수 있을 것이다. 그러한 서로의 교류가 없는 기간 동안 각각의 부족은 서로 다른 생활양식과 문명을 발전시켰을 수 있을 것이고, 그것이 생존에 유리하여 발전할 수 있는 유용성이 있으면 장려되고 풍요로운 삶을 유지할 수 있었을 것이다.

이러한 유용습속의 활용이 집단 간의 비교에서 우위를 점할 수 있는 우월적 행적으로 인정될 수 있을 경우, 2세의 안정적 발전과 지속을 위해 배워 와서 활용할 수 있도록 하는 것이, 행적의 변화를 유도하고 삶에 유익한 정보를 활용하는 것이 될 것이다. 어차피 서로 경쟁하고 충돌을 회피하기 위해 이동과 확장을 했다면, 무리의 발전을 위해 필요한 유용습속이라면 도입하여 생활화하는 것이 후대의 안정과 지속적 발전에 도움이 되어 유리한 위치를 확보할 수 있을 것이다.

이렇게 타 부족 또는 다른 무리의 유용한 정보를 상호교류 과정에서 입수할 수 있어지면, 그것은 당연히 활용되고 기존의 행동형식을 변경하는 변화가 불가피했을 수 있다. 그렇게 되면 새로운 따라 하기가 설정되고 생활화되면서 새로운 습속이 세습 습관화되는 과정으로 진입할 것이다. 이러한 과정이 문화의 확장 또는 예속으로도 볼 수 있는 현상이 될 수도 있고, 여러 집단이 지속적으로 배워가서 비슷한 유형의 행동형식이 폭넓게 지속되는 것을 부족별 또는 지역적 관행화나 범인류화라 할 수 있을 것이다.

이러한 변화는 생존의 차별적 유익성이 있기 때문일 수도 있지만, 기존의 행적을 변화시키는 문화적 충격이나 정서적 충돌도 가져올 수 있을 것으로 보여 쉽지 않은 저항도 있었을 것을 우려할 수 있을 것이다. 이러한 과정의 초기 시범시행에서 얼마나 잘 적응하는지가 행적변화의 요소로 작용할 수 있을 것이고, 충분한 적응을 통해 모든 구성원이 유용함을 인정할 수 있어지면 세습과정을 통해 그들의 행동형식으로 자리 잡아갈 수 있고, 그들의 집단정서에 저항이 없을 경우 그들의 풍습이나 문화로 세습될 것으로 본다.

그러나 각 부족의 정서와 어울림에서 거부감이 생길 경우 유익함은 알 수 있지만 적응해서 그들만의 행적으로 자리 잡을 수 없음도 있을 것이다. 이러한 것은 부족의 정서와도 관계될 수 있지만 리더십과도 연계되어 있을 수밖에 없는 것이어서, 충분히 유용할 수 있는 정보라면 그것을 습속화 시키는 변화는 지도자의 능력과 충분한 소통과정 및 설득 등의 노력도 리더십의 한 부분으로 보아야 할 것이다.

새로운 행적의 적응과정에서 모두가 쉽게 동의할 수 있는 정서적 공유나 지도력의 우월함이 있을 경우, 한두 세대의 적응을 지나 세습 배경화되면 적성으로 변이되어 우월적 위치를 점할 수도 있을 것이다. 적응에서 적성으로 변이하면 발전의 원동력이 될 수 있게 되고, 적응과정이 길어지면 세습 배경화가 불가능할 수 있어 적성으로 진전될 수가 없을 것이다.

적응과 적성의 효율화를 이해하려면 모든 행동유형이 가능할 수는 있으나 효율이 열성으로 나타나면 선택이나 강요가 될 수 있지만, 특정유형만 가능할 수 있는 경우 우성화하여 세습되면서 적성화할 수도 있을 것이다. 적응은 변화가 당대의 수용성과 관계될 수 있지만 세습되어 습관화되면서 후대의 유용성에 효율화가 높아졌다면, 그것은 적성으로 갈 수 있는 가능성이 있게 되는 것으로 월등한 차별화가 될 수도 있을 것이다. 이렇게 적성은 선대의 적응과정을 통해 세습 습관화 배경화되어 자기화될 수 있으면 누구도 경쟁할 수 없는 장점이 될 수 있을 것이다.

그러나 이미 시행되는 비슷한 행적유형의 관행이 있다면 변화를 거부할 수도 있을 것이어서, 충분히 유익성이 있다면 그 집단은 사양화의 전초단계로 진입할 수도 있을 것이다. 본능은 자의에 의한 강요일 수 있지만 규범은 타의에 의한 강요일 수 있어, 부족 대중의 관심도가 높을 경우 공간적 다수에 의해 세력화되고 그 압력에 의해 적응성을 높일 수 있으나, 시간적 다수인 세습에 의한 압력화는 시간은 걸릴 수 있지만 적성화될 가능성도 가지고 있어 살펴볼 필요가 있다.

적응은 당대에 영향되는 수평관성이지만 적성은 타대의 세습에 의한 수직관성의 압력이 훨씬 높을 수 있음을 뜻하는 것이 될 수도 있어, 세습흔적으로 배경화되면 그들의 문화와 습속으로 포용된 것으로 볼 수 있다.

3) 기후의 다름

:: 사람들의 행적유형은 살기 위해서 하는 행동들이 반복되면서 습관화를 거쳐 관성화되는 것으로 볼 수 있고, 그러함의 결과가 민족성이나 국민성 등으로 나타나는 것으로 볼 수 있다.

이렇게 살기 위한 행동이라 함은 열대정글에서 초원으로 밀려남으로 생기는 생활의 변화를 들 수 있을 것이고, 초원의 포식자에게서 살아남으려고 선택한 모험과 도전이 불이라는 인류 최고 문명의 이기를 얻은 것으로 볼 수 있다. 정글에서 계속 살아남았다면 숲속 나무 위가 주 생활 무대가 될 수밖에 없어, 다우지역의 습도와 나뭇가지에 걸림 등의 불편으로 불을 사용할 수 없음도 있지만 불의 장기보전이 불가능했을 것이고, 불은 두 손을 활용하여야 이용할 수 있는데 나무 위에서는 두 손이 자유롭지 못해 불은 있어도 쓸 수 없는 상황임을 고려하면, 인류가 생활상을 변경할 수밖에 없었던 사정은 자연과 기후의 영향으로 볼 수밖에 없는 경우가 매우 많았을 것으로 보인다.

결국, 정글에서 초원으로 나오는 과정은 비슷한 '종'들끼리의 경쟁에서 불리함이 있어 살기 위해 나왔을 것이나, 열대 사바나인 초원은 건기와 우기가 있어 건기에는 수목의 성장에 장애가 생기고, 자연발생 들불 등으로 나무들이 사라지면서 초원으로 변한 것도 기후의 영향이지만, 건기와 우기의 순환과 채집생활의 초식은 우기가 유리하고 열매의 당도 같은 것은 건기가 유리할 수 있을 것이다.

그리고 불을 얻어 최고 포식자가 되었다는 것은 채집에서 수렵으로 생활상이 변경될 수 있는 가능성이 생겼다는 것으로, 초식에서 육식이 가능할 수 있는 잡식성으로 생활 행적이 변했을 것을 미루어 짐작이 가능할 것이다. 이러한 기후의 다름은 초원을 떠나 지구상으로 무한 확장하면서 더욱 많은 영향을 주었을 것은 예상이 가능할 것으로 본다.

우선 열대아열대 지역은 대부분 고온다우지역이어서 식물의 생장에 특별한 지장이 없어 정주형의 채집생활에는 특별한 불편은 없었을 것으로 볼 수 있지만, 온대지역으로 생활무대가 확장되면서 많은 다름이 생겼을 수밖에 없었을 것이다. 우선적으로 고려될 상황은 밤낮의 온도 차가 심하여 난방의 필요성이 생겼다는 것과 겨울을 나기 위한 식량의 비축이라는 새로운 습관이 생겼다는 것이 될 것이다.

밤낮의 온도 차와 여름 겨울의 온도 차는 옷을 만들어 입어야 하는 변화도 필요했지만, 그것보다 본질적 온도조절 능력이 있는 주거시설이 필요해졌을 것이다. 열대아열대는 군이 집을 짓지 않아도 살아갈 가능성이 있지만 온대기후는 항구적 보온을 위한 주거시설이 필요했고, 그것은 땅굴이나 동굴을 활용할 수 있어지는 움집 등의 과정으로 행적이 변했다고 볼 수 있을 것이다.

그리고 온대초원의 수렵생활을 선택해서 습관화되었다면 건기와 우기를 따라 순환하는 야생동물을 따라 순환이 불가피했을 것이고, 그것은 집을 옮겨야 하는 천막생활을 요구했을 것이고, 겨울에는 땅바닥의 차가움을 피하려고 침대를 활용하는 지혜가 필요했을 것은 어쩔 수 없는 삶의 변화로 볼 수 있을 것이다.

온대 채집생활을 선택한 무리는 겨울을 나기 위한 식량의 준비가 가장 중요한 것이 되어 모든 것을 준비해두는 행동습관이 생겼을 수밖에 없고, 채집은 일정한 정주환경을 가능하게 해서 주거시설의 난방을 위한 온돌을 생각했을 수도 있을 것이다.

이렇게 열대에서 온대 그리고 냉대지역으로 생활터전이 확장되고 이동되는 과정에서 가장 심각한 문제는 온도 적응이 중요한 생활의 변수가 될 수밖에 없었고, 또 하나는 건기나 온대 건조지역은 물의 유무가 행적을 변화시키는 심각한 부담이 되었을 것이다. 자연에서 이러한 문제를 해결할 수 있는 지역은 윤택한 삶을 가능하게 했을 것이고, 또 여러 가지 행동의 변화도 가능했을 것으로 본다.

그것은 온대 냉대지역에서 화산 주변은 지열의 이용이라든가 또는 자연온천에 의한 계곡 주변은 온도 문제와 물 문제를 동시에 해결할 수 있는 좋은 조건이 되었을 것이다. 이렇게 사막에서는 오아시스가 필수 조건일 수 있고 한랭대환경의 지열과 온천은 식물생육에 도움을 주어 채집에 월등한 이점으로 작용했을 것으로 보인다.

4) 생존환경 적응

:: 인류사에서 수렵과 채집은 구석기시대의 생활상으로 알고 있을 것이다. 그러나 그것은 원천적 다름에서 시작된 생명체의 역할관계와도 깊은 고찰을 필요로 하는 것이 될 수 있다.

수렵과 채집이라는 원시적 생활상의 근원은 시원의 습관에서 응용 발전한 것으로도 볼 수 있기 때문이다. 채집은 초식동물의 생활상으로 볼 수 있고 수렵은 맹수들의 사냥에서 그 뿌리를 찾을 수 있기 때문에 시원의 행동유형으로 접근해보려는 고려는 어떨까 하는 것이다.

두 손의 활용이 가능한 두 발 걷기의 동물에게서는 채집과 수렵이라는 생활형태가 손을 활용하는 것이어서, 그들의 고유 생활상인 줄 알고 있을 수 있으나 본질적으로는 초식의 피포식자와 육식인 포식자의 생활상으로 분류할 수 있기 때문이다.

네 발 걷기의 동물이었다면 손이 해야 할 일들을 입으로 했을 것으로 보기 때문에, 연한 풀잎이나 달콤한 열매는 입으로 잘라서 먹거나 입을 이용하여 과일을 딸 수밖에 없을 것이어서 채집은 초식에서 발전한 것으로 볼 수 있고, 수렵은 맹수가 피포식자인 초식동물을 사냥하여 육식을 가능하게 한 생활상으로 볼 수 있을 것이다.

입으로 하던 행동유형을 손으로 할 수 있어지는 행동형태만 바뀌었지 입과 손의 역할변경 외에는 다른 것이 없는 것으로 비교할 수 있기 때문이다. 그렇게 본다면 채집은 여러 동물 종과 공존이 가능한 생활유형으로 정서화되면서 그들의 감성적 바탕도 평화적일 수 있는 것으로 보면 어떨까 한다.

그리고 수렵은 힘으로 제압이 가능한 모든 종을 죽이므로 살아가는 생활상이어서 평화로운 공존보다는 힘의 우위만 가능하면, 모든 동물 종을 전쟁터로 몰아넣을 수 있는 침략적 행위로 볼 수 있음도 참조하자는 것이다. 이러한 생활사적 행동유형을 바탕으로 채집은 공존과 평화라는 정서적 바탕이 습관화를 통해 감성화했을 수 있을 것이고, 수렵은 공격과 살육이라는 생활상이 그들의 생존유형으로 습관화를 지나 초습관화하여, 독존과 침략이라는 정서가 생겼을 수 있음도 살필 필요가 있고 그것이 인격을 부여하고 적응하는 과정에 어떻게 기여하고 변화되어 왔는지도 살펴보는 관용이 필요해질 것으로 보인다.

만일 그러함이 있었다면 불을 얻기 위한 도전과 희생을 어느 쪽에서 실현했을지와 피포식자 시절 원한의 앙금이 얼마나 크게 작용했을 지와도 관계될 수 있는 것으로 보여, 그에 따른 생활상의 변화에도 관심이 필요할 수 있을 것이다. 피포식의 살육에 대한 복수의 욕구가 넘쳤다면 그들은 수렵을 선호했을 수 있어 지난날의 살육의 트라우마를 해

소할 수 있는 '치유'로 작용했을 수는 없을까 하는 것이다.

만일 이러한 정서적 바탕이 생활상을 변화시킬 수 있는 요소로 작용했다면 농경적감성으로 초습관화된 부류와 수렵적감성으로 습관화, 관성화했을 부류와는, 어떻게 조화를 이루고 확장되면서 인격기를 완성했을까 하는 것도 생존환경 적응을 위한 감성적 공유를 통해 살피면 어떨까 한다.

열대의 사바나와 온대의 스텝지역은 건조기후가 심각해지면 사막화로 갈 수 있을 것이고, 이러한 지역은 아침저녁은 서늘할 수 있으나 한낮은 매우 따갑고 더워서 생활하기가 불편했을 수도 있을 것이다. 초원의 유목은 아침에 동물을 방목하고 저녁에 우리로 몰아오는 생활 사이클도 기온의 변화와도 연계될 수 있을 것이다. 초원 언저리에 사믹이 있다면 한낮의 따가움은 더했을 것이고, 이러한 환경이라면 한낮에 자고 새벽녘과 초저녁에 활동하는 것이 훨씬 효율적일 수 있어, 활동시간을 늘려주는 달빛의 영향이 매우 심각했을 수 있을 것으로 본다. 건조지역은 비도 잘 오지 않지만 구름도 별로 없을 수 있어 달밤은 신의 은총으로도 여겨질 수 있을 것이다. 이러한 환경은 낮에 쉬고 밤에 활동하는 생활유형으로 변화했을 수도 있어 또 하나의 다름으로 생존환경에 적응했을 것으로 본다.

이렇게 생존에 유리한 방식으로 환경에 적응할 수밖에 없는 것을 수용할 수밖에 없어 저항하면 도태되든가 유리한 환경을 찾아 이동할 수밖에 없었을 것이다. 이동도 할 수 없고 오직 저항해서 극복하려 했다면 어떤 결과를 얻었을까? 이러한 환경극복을 위한 창조적 도전이 불을 얻게 하였을 것이나 수많은 시행착오로 헤아릴 수 없는 희생이 있

었는데도 포기하지 않고 극복한 생명력과 상상력에 존경과 감사 그리
고 애도를 표하고 싶다.

제4장

관성의
영향

1

노예화란?

1) 시원관성

　　　　　:: 인류사에서 시원이라고 하면 두 발 걷기 동물로서 사람의 형상을 한 그때부터를 사람으로 분류할 수 있는 시점이라고 설명할 수 있을 것이다. 그것은 외형은 사람이라는 생명체의 형상과 비슷하나 아직 사람으로 인정받을 수 있는지를 구분할 수 없는 동물의 생활상을 하면서, 사람과 비슷한 상태로 진화되어가는 기간 중에 있는 상태로 설명될 수 있을 것으로 본다.

　그리고 이 기간이 얼마나 오래 걸렸는지를 모르는 시간대여서 그냥 시원기라고 하고 그때부터 어떤 행동유형이 습관화를 통해 초습관화 되고 관성화된 행동유형을 '시원관성'으로 볼 수 있을 것이다. 이 시기는 인격이 부여되지 않은 동물기였기 때문에 모든 행동형식에서 가장 중요한 행동방법은 생명의 존속과 유지가 최우선적으로 선택되는 행동으로 습관화되었을 것이다. 그렇지 않으면 포식자인 맹수들에게 먹이를 제공하고 살아남지 못했을 것이기 때문이다.

이러한 시기의 모든 행동유형은 자신에게 유리한 이기적 행동유형으로 모든 생활형태가 이루어질 수밖에 없을 것으로 볼 수 있어 살아남기 위해서 본능적이고 즉시적인 행동이 대부분일 수 있는 시기로 볼 수 있다. 그리고 포식자에 의해 혈연관계의 가족이 살육당하는 상황을 보면서도 살기 위해 도망칠 수밖에 없는 시기였을 것이어서, 가족이 죽어가는 상황을 회피할 수밖에 없었던 스스로를 기억하고 싶지 않았을 것으로도 볼 수 있다.

만일 그것을 기억하고 있다면 공포스러움과 아무것도 할 수 없어 외면했던 스스로가 너무 한심하여 죽고 싶었을 수 있을 것이다. 그렇다고 죽을 수는 없는 것이어서 그러한 기억을 지워버리는 습성이 생겼을 수 있어 자신에게 불리한 기억은 지워버리고 잊어버리는 행동습관이 생활화되어 초습관화, 관성화되었을 것으로 보는 것이다.

이렇게 시원기에는 살기 위한 행동형식으로 일관해왔을 것이기 때문에 모든 행동은 이기적이었을 수밖에 없음은 당연한 결과로 볼 수 있고, 그렇게 행동한 자신의 부끄러운 기억을 지워버리는 망각의 습관도 지속되면서 관성화 과정으로 전이했다고 볼 수 있다.

언제나 생존을 선택하고 살아남은 것을 다행으로 여겼을 수 있으며 늙고 병든 부모나 힘없는 어린 자식들이 죽어가는 것을 못 본 체한 고통을 잊기 위해, 자신에게 불리한 기억은 지워버리고, 그리고 또 언제나 생존을 선택하는 당연함으로 모든 행동습관이 형성되어 관성화한 시간대를 '시원초 습관화' 시기로 분류한 것이다.

이러한 본질적 여건을 이해하지 못하고 왜 그렇게 이기적인 행동을 했느냐고 물어보면 대답을 할 수 없을 것이다. 이 기간은 너무도 길어서 관성화 강도가 사람으로 인격이 부여된 이후에 습관화된 행동유형의 관성화 강도보다 비교되지 않을 정도로 클 수 있어, 아무 생각 없이 행동하면 시원기 습관인 이기적 행동을 할 수밖에 없는 것이 관성화의 압력으로 작용하는 빈도강도이다.

이렇게 인격기의 사람으로서 규범적 행동유형이 습관화되기 이전, 너무나 오랫동안 이기적 행동들이 습관화되어 우선적으로 시원의 행동유형이 발현하는 것은 빈도강도가 현격하게 차이가 있음을 이해할 필요가 있다. 이렇게 이 시기에 형성된 행동습관들은 자신이 하고 싶어서 하는 자의적 행동유형이 아니고 살아남기 위해서 포식자에게서 강요된 타의적 행동습관임을 살펴볼 필요가 있게 되는 것이다.

이렇게 본능화된 행동은 타의에 의한 강요가 작용했기 때문에 충분한 주의를 하면서 행동을 선택하지 않으면, 현대를 사는 사람들에게 후회할 일들이 생길 수밖에 없게 된다는 것이다. 그러한 것을 방지하려고 교육을 통해 도덕적 행동을 계속 훈련시키고 있고, 특히 종교적 성직자의 경우 그러한 본능적 행동을 하면 곤란해질 수 있어 오랜 수련을 통해 훈련된 행동이 실현될 수 있도록 수행하는 것이 되고, 그 과정이 어려움이 있었기에 고행이라고도 하는 것이다.

잘한다고 하고서 후회하게 되는 것은 이러한 관성적 압력에 의한 강요가 작용했을 수 있어, 고려 없이 행동하면 오랜 습관화로 형성된 행동이 압력에 의해 나도 모르게 나오게 되는 것이 이기적이고 본능적 행동들일 수 있다.

결국, 시원의 관성에 노예가 되지 않으려면 이런 원초적 압력을 느낄 수 있느냐와 제어할 수 있느냐의 문제일 수 있다. 이렇게 동물기에 형성된 초습관이 인격기, 인문기 에도 발현되는 것을 '노예화'에 따른 굴복으로 볼 수 있고, 이렇게 오랜 습관에 의한 행적빈도가 세습에 의해 수직으로 적체되어 압력으로 작용하는 도구가 '마음'이고, 수단이 '관성'으로 볼 수 있다.

그래서 압력을 느낄 수 없으면 제어가 불가능할 수 있어 이러한 과정을 '영원회귀'라 할 수 있을 것이다.

2) 중복강도

      :: 사람들은 살아가면서 여러 가지 행동들을 할 수밖에 없고, 그러한 행동의 결과가 항상 잘할 수만은 없는 것이 또한 사람이라는 생명체의 한계로 볼 수 있다.

할 수밖에 없는 일이라면 모두에게 잘했다고 칭찬을 받고 싶은 것이 사람의 관심인데, 스스로 그렇게 하는 것이 가장 합리적일 수 있다는 바람에서 하고 나면 가끔 잘못된 결과가 나오기도 했을 것이다. 잘한다고 한 일이 하고 나서 후회하는 일이 생겼다면 나도 모르는 어떤 것이 나를 그렇게 하도록 등 떠밀지 않았는지 또는 무엇이 그렇게 하도록 압력을 행사했거나 강요한 것은 없는지 살펴보는 지혜가 필요할 것으로 본다. 모든 사람들은 자신에게도 잘한 것이 되고, 다른 이에게도 잘한 것으로 인정받고 싶은 것이 사회라는 구조를 형성하는 사람들의 공통된 희망일 것이다.

그런데 왜 잘못되었다고 후회도 하고 다른 이들로부터 힐난의 대상이 되는 것일까? 스스로는 잘못하고 싶은 생각이 전혀 없었다고 보면 후회하는 행동의 주체는 무엇일까? 의문이 생길 수 있다. 그러한 행동을 하도록 나도 모르는 어떤 것이 압력을 가했거나 강요했다면 그것은 스스로 제어할 수 없는 어떤 구조적 모순을 내가 가지고 있다고 볼 수 있을 것이다. 그리고 그것이 무엇인지를 모르고 있기 때문에 그러한 후회되는 일을 가끔씩 반복하는 것은 아닐까 생각할 수 있게 될 것이다.

만일 후회를 하게 되고 무엇이 강요를 했거나 압력으로 등 떠밀림을 했다면, 후회는 생각이 하는 것일까? 아니면 마음이 하는 것일까? 그리고 강요를 했다면 그것이 마음일까 생각일까 하는 분별이 필요할 수 있게 되는 것이다. 생각이 강요나 압력을 행사할 수 있을까? 생각은 어떤 일을 탐구하고 선별은 할 수 있을 것이나 강요를 하는 것은 무리일 수 있을 것이다.

생각은 필요에 따라 언제든지 바꿀 수 있는 것인데 가끔 후회하는 일이 있다면 그것은 마음에서 시작된 어떤 힘으로 보는 것이 합리적일 수 있을 것이다. 그렇다면 행동과 마음은 서로 비슷함이 있는 것으로도 볼 수 있어 행동을 통제하는 것은 생각보다는 마음일 수 있을 것으로 본다. 그렇다면 '압력'을 행사한 것도 마음일 수 있고, '강요'를 한 것도 마음에서 비롯되었을 수 있을 것이다.

그런데 생각도 그렇지만 마음은 보이지 않는 그리고 누구도 볼 수 없는 것이어서, 어떻게 통제하고 제어해서 다음부터 후회할 일을 줄일 수 있을까 하는 것이 과제가 될 수 있을 것이다. 우리가 자연의 현상에서 보이지는 않지만 움직이는 것을 알 수 있고, 또 움직여서 다른 물체에 압력을 가할 수 있는 물질이 어떤 것이 있을까 살펴보면 참고가 될 수 있을 것이다. 움직이는 생명체에게 가장 필수적 요소이면서 보이지도 않고 느낄 수만 있는 물과 바람을 움직이게 하는 것은 '압력'일 수 있을 것이다.

그렇게 보면 보이지는 않고 느낄 수는 있지만 행동하도록 힘을 가하는 것을 마음의 작용으로 볼 수 있을 것이고, 그것이 압력으로 작용하여 강요한 것은 아닐까 고려해 보면 어떨까 하는 것이다.

행동으로 습관화되어 잘할 수 있어 익숙해지면 그러한 행동을 편안하게 할 수 있게 되었다고 할 수 있을 것이다. 그것은 행동의 익숙함이 마음의 편안함을 유도했다고 볼 수 있고 그러면 행동과 마음은 같은 구조적 과정으로 움직이는 것으로 보아, 행동관성이 심리관성으로 전이했으며 둘은 하나같이 움직일 수 있는 것으로 볼 수 있을 것이다.

행동의 습관이 수많은 세대를 거쳐 세습되면서 초습관화되는 과정을 관성이 작용한 것으로 보면, 수많은 세대의 행적빈도가 세습되면서 단위무게로 쌓여지면서 그 세습중첩의 무게가 '압력'으로 작용하여 나도 모르게 행동하도록 했을 수 있을 것이다.

이렇게 중복중첩의 무게가 압력으로 작용하여 어떤 행동을 하도록 하는 것을 '중복강도'라 하고 그러한 행동을 하도록 압력으로 작용했을 수 있을 것이다. 그래서 고려 없이 행동하면 초습관화 강도가 높은 행동을 선택하여 행동하도록 압력을 가하는 것이 마음일 수 있고, 초습관화 강도가 높을수록 선택될 확률이 높을 수 있을 것이다.

이렇게 행적의 중복강도가 높은 것이 압력으로 작용하여 시원기 행동형식을 인격기나 인문기에도 실현하게 하는 것을, '노예화'로 볼 수 있을 것이고 그것이 영원회귀를 실현하는 구조적 모순일 수 있다.

그래서 생각 없이 행동하면 압력강도가 높은 것이 행동으로 선택되고 이러한 구조적 과정을 '강요'라고 할 수 있을 것이다. 인격기의 규범화된 행동이 선택되지 않고 시원기의 이기적 행동이 선택되어 실수와 후회를 하는 것은, 시원기 행적의 중복강도가 초세기 행적의 중복강도보다 높기 때문에 나타나는 현상일 수 있다.

그래서 압력을 알아차리거나 느낄 수 있어지면 세습도 인지할 수 있고, 강요의 제어도 가능할 수 있어질 것으로 보는 것이다.

3) 생존필수

:: 생명체가 살아가면서 최우선적으로 선택할 수 있는 행동유형은 살아있음을 증명하는 것이고 다른 생명체보다 우월할 수 있다는 욕구가 바탕 정서일 수 있을 것이다.

그것은 살아있지 않으면 생명체가 아니기 때문에 생명체이기 위한 필요조건일 수밖에 없을 것이고, 살아있음의 당연함을 실현하려고 선택되는 행동유형도 생명에 유익한 형태가 필연적으로 선택되었기 때문에 살아있는 것이 될 것이다.

이러한 행동형식은 생존과 직접 관련이 없는 행위에서도 늘 하던 행동의 습관 때문에 또 그러한 행동형태가 선택되고 실현되는 반복을 하게 되는 것이다. 이렇게 빈도강도가 높은 행동형식이 습관에 의해 관성화된 행동으로 반복되는 현상을 관성에 의해 압력으로 작용하는 '강요'로 볼 수 있게 되는 것이다.

한없이 많은 행동유형 중에서 어떤 현상과 비슷한 행동의 형식도 여러 가지가 있을 수 있을 것이어서, 그러한 많은 행적의 빈도나 강도를 '무의식' 또는 '잠재의식'으로 작용하는 압력강도로 볼 수 있을 것이다. 그렇게 여러 유형의 수많은 행동유형 중에서 가장 빈도가 높은 '잠재의식' 또는 '무의식'이 그것을 할 수 있도록 자극하는 마음의 관성적 압력 같은 것으로 선택되어 나타날 수 있게 된다는 것이다.

그런데 그 많은 행적형태 중에 이기적인 행동이 선택되어 후회가 생길 수 있으면서도 또 그렇게 되는 것은, 그것을 '빈도강도'나 '중복강도'에 의한 '강요'로 볼 수 있을 것이고, 그렇게 하여 선택된 이기적 행동에 의해서 언제나 생존을 선택하게 되고 그래서 멸종하지 않고 살아남은 것이 될 수 있다.

그렇다면 그러한 행동유형의 빈도치가 높게 형성된 시기가 선인격기로 볼 수 있는데, 왜 그러한 행동만을 선택했는지가 궁금할 수 있을 것이다. 늘 그렇게 하지 않았다면 빈도강도가 낮아져서 이기적 강도가 낮은, 즉 공존에 유리한 일부의 이타성이 있는 행동유형이 선택될 수도 있었을 것인데 하는 아쉬움도 있게 될 것이다. 그러나 선인격기라는 구분적 표시에서 알 수 있듯이 그때는 포식자에게 공동대응이 불가능한 시기였다는 것을 먼저 이해할 필요가 있다.

그때는 피포식자였기 때문에 공동대응으로 저항했다면 더 많은 가족이나 동료가 죽었을 수 있어 그러한 행동은 불가능했다고 보는 것이 합리적일 수 있다. 아프리카 사바나의 초식동물들이 수천만 년을 살면서도 맹수들에게 저항하지 못하고, 자신만 살기 위해서 도망하는 현실을 고려하면 왜 그러했는지가 이해될 수 있게 될 것이다.

이때는 함께 살 수 있는 것은 불가능했고, 최소한 누군가가 죽어야 내가 살 수 있고 내 가족이 살아있을 수 있는 유리함이 될 수 있어 그러한 행동유형으로 관성화가 진행되는 것은 피할 수 없었다고 보는 것이다. 그러나 지금까지 그러한 관성이 지속되고 있다면 선인격기가 아니고 인격기에 접어들고 최고 포식자가 되었다는 현상의 변화를 고려하는 것이 필요할 것이 된다.

이제는 관성의 압력이 작용하는 원인을 살펴볼 수 있는 지성도 있을 것이고 충분히 고려할 수 있는 시간 여유도 있는 것으로 볼 수 있어, 생존에 유리하고 공존에 불리할 수 있는 행동관성이라면 선택의 유연성을 발현해 보는 것이 사회라는 구조 속에서 살아가는 데 유리한 선택이 될 것으로 볼 수 있을 것이다. 어떤 일을 결정하고 행동으로 옮기려는 과정에 많은 머뭇거림과 선택에 어려움이 생기는 것도 생존과 공존이라는 1, 2차 강요의 선택에서 오는 '번뇌'일 수 있을 것이다.

이기적 선택은 생존에는 유리할 수 있는 행동유형이어서 경쟁을 불러올 수 있을 것이고 그것은 '나만'이 라는 생각이 바탕했다고 볼 수 있어, 여럿이 함께 사는 사회에서는 공존이라는 행동유형이 합리적 선택이면서 또한 유리한 선택이 될 수 있음을 살필 수 있다면, 시원의 관성에서 오는 중복강도를 이해하는 것이 필요할 것이다.

시원기에는 '경쟁'이고 초세기에는 '함께'라는 것을 살핀다면 빈도압력이 어떻게 작용하는지를 알 수 있어질 것이다. 이렇게 빈도압력을 통제할 수 있는 지성이 작동하면 다양한 빈도압력의 행적 중에서 가장 합리적인 행동유형을 선택할 수 있어질 것이다. 이것이 강요에 대응하는 '이성적 힘'이라는 것이다.

현재는 인격기를 지나 인문기라고 할 수 있는 지성의 보편화 시대이기도 하지만, 의무교육으로 모두가 최소한의 분별력이 생겼다고 볼 수 있어 성찰이 필요할 것으로 본다.

4) 행동이기와 물질이기

:: 어떤 일에 대하여 잘할 수 있어 남들보다 우월함을 느낄 수 있다면 그것은 그 일을 늘 하여 익숙해졌다고 볼 수 있을 것이다. 그리고 부모들도 그러한 일을 했고 조상 대대로 그런 일을 했다면 다른 사람들보다 월등할 수도 있을 것이다.

이렇게 어떤 일이 익숙해져서 잘할 수 있으면 그러한 행동을 편안하게 할 수 있는 마음의 바탕이 되어있다고 볼 수 있을 것이다. 그렇게 되면 그러한 것과 비슷한 상황이 있을 때 익숙해서 잘할 수 있는 행동유형이 나타날 수밖에 없다고 보는 것이 일반적 현상으로 볼 수 있는 것이 된다.

이런 것처럼 어떤 행동이 습관화되어 세습되면서 그러한 행동을 했을 때와 비슷한 상황에서의 대처방법이 세습화 관성화된 행동유형이 가장 쉽게 나타날 것으로 본다는 것이다. 이러한 것의 가장 오래된 행동유형이 살고자 하는 행동이고, 그것이 시원의 피포식기부터 초습관화되어 나만 살려고 하는 행동을 이기적으로 보아 '행동이기'라고 할 수 있는 것이다.

그러나 불을 얻어 포식자가 되면서부터는 혼자 살려고 도망할 필요가 없어져서 이기적 행동을 하는 횟수가 줄어들게 되고, 먹을 것 같은 것들을 많이 확보해두는 욕심 같은 것으로 행동유형이 변경되었을 수 있게 되었다. 먹을 것을 얻는 것도 힘들여서 하는 행동의 결과였기 때문에 쫓김의 환경에서 쫓음이 가능해지면서 덜 움직이고 얻을 수 있는 편안함을 좋아하게 될 수 있었다.

그 결과 쉽게 많이 얻을 수 있을 때 모아 두었다가 힘들게 해도 얻을 수 없는 경우가 있을 때 나누어 먹을 수 있는 행동으로 바뀌어 가게 되는 것이다. 이렇게 포식자에게서 살아남기 위해서 열심히 도망하는 행동으로 살아남았듯이, 열심히 먹을 것 같은 것을 모아두었다가 먹을 것이 없거나 부족할 때 남들보다 유리하게 살아남을 수 있는 행동으로 행동유형이 변경되었다.

이것은 선인격기 행동이기가 인격기가 되면서 물질이기로 바뀌었다는 것이 될 수 있고, 그것은 열심히 도망하여 살아남았듯이 열심히 모아두어서 살아남을 수 있게 되는 생존을 위한 이기적 행동이 소유적 행동유형으로 바뀌었고, 그것은 새로운 우월함으로 돋보이게 되었다는 것이 된다.

이렇게 생활상이 바뀌면서 행동선택의 이기심이 물질선택과 소유라는 이기심으로 바뀌는 것은 노력한 결과물이어서, 누구도 잘못되었다고 할 수 없는 그리고 남에게 피해가 없는 행동이 될 수 있어 선망의 대상이 될 수 있었다. 그리고 그렇게 행동한 무리는 다른 무리들보다 넉넉하게 잘 살 수 있어지면서 그렇지 못한 무리의 부러움도 되었지만 시기하는 대상이 되기도 했을 것이다.

이렇게 살아남기 위한 행동이기가 보다 유리하게 살아남기 위해서 물질이기로 이기의 유형이 변하면서 '노예화'의 본질도 행동에서 물질로 변이하게 되었다. 이렇게 시원의 이기는 행동이기였지만 인격이 얻어진 후에는 물질화 되어갔고, 그것은 피포식기에는 소유라는 것이 불가능했지만 포식자가 되면서 소유라는 개념이 새로 생겼다는 것이 될 수도 있다.

그러나 긴급 상황이 되면 전과 같이 살아남으려는 행동이 우선 되었고, 살아남을 수 있는 환경이 되었을 때는 소유욕이 행동이기를 대체하게 되었다. 이렇게 긴급 상황일 때 선택하는 행동유형이 통상의 물질보다 시원기의 행동이 우선 선택되는 것도 중복강도에 의한 행동선택 효과로 볼 수 있을 것이다. 시대가 바뀌면서 자연스럽게 생존이기가 행동에서 물질로 전이되었다는 것은 생존과 물질을 동일시하는 현상이 생겼다고도 볼 수 있을 것이다.

그것은 인격기가 되면서 규범을 정해 이기적 행동을 할 수 없게 하므로 생존이기의 본질이 물질로 변화되는 새로운 행동패턴(patten)이나 행동양태로 작용하게 된 것이다. 이렇게 시대 흐름에 따라 행동양태가 바뀌어 가는 것은 생명우선의 시원기에서 물질우선의 인격기로 바뀌었듯이, 현대를 살아가는 사람들의 현상을 보는 관점도 비교 참고가 필요해질 것으로 본다. 그것은 오랜 습관에 의한 이기적 행동이 무한히 반복되면서 그 빈도압력이 언제나 이기적 행동을 선택되도록 하는 구조적 과정이 잠재의식 또는 무의식의 영역일 수도 있다는 것이다.

수많은 잠재의식 또는 무의식중에서 가장 빈도압력이 높은 것이 선택되는 과정이 초습관화의 관성에 의한 중복강도 효과로 볼 수 있어, 지성적 고려가 없으면 나만 살겠다는 시원기 원초적 관성의 재현으로 보여 '노예화'의 우려가 있다는 것이다.

생각이나 여유가 없는 충동적 의사결정과 즉시적 행동은 시원기 타의적 행동의 회귀로 볼 수 있어, 중복강도에 의한 관성적 압력 같은 것이 작용할 우려를 살피자는 것이다.

2

관성의 분별

1) 살기 위한 행동

:: 생명체라고 하는 것은 수단과 방법을 가리지 않고 살아있을 때만 생명체일 수 있다는 것이 생명의 본질이고 정의일 수 있다.

그것은 살아있지 않으면 생명이 아니기 때문일 수도 있지만, 생명의 끝없는 살아있음의 도전이 숭고하기 때문일 수도 있을 것으로 보기 때문도 있다. 이렇게 모든 것을 초월해서 살아있어야 하는 가혹함이 살아있도록 단련하는 절박함일 수도 있지만, 맹목적 우직함에서 오는 어리석음도 포함하고 있는 것이 될 수 있을 것이다.

절대 생명이라는 맹목적 이기가 다른 많은 생명을 죽게 하거나 상하게 하지 않았는지도 성찰해볼 수 있는 '화두'가 될 수 있을 것으로 본다. 우리는 동물적 본능이라는 이름으로 그것을 가볍게 정의하여 도서관의 서책 속에 또는 박물관의 수장고 속에 보관해 두고 열어보지 않았는지도 모른다.

우리가 동물이라고 하면 우직하면서 우매하여 하찮은 생명체로 보려하는 선입견은 없었는지 또는 우리가 동물이라는 것도 책갈피 활자 속에 그리고 종교적 신상 속 복장유물로 보관해두어서, 볼 수 없게 하고 있는 것은 아닌지 살펴보는 여유는 어떨까 하는 것이다.

생명의 끝없는 욕구가 초원에서 맹수의 처참한 살육보다는 모든 것을 희생하여, 무리 중의 누군가를 살아남게 하려고 불덩이 속으로 뛰어듦으로 삶을 얻고, '살려고 하면 죽을 수 있어야' 하는 맹목적 욕구가 불을 얻게 하고 모두를 인격으로 신성화시켰을 것이다. 이렇게 생명은 죽음으로써 새로운 생명을 숭고하고 영광스러운 생명으로 탈바꿈시켜 사람이라는 절대자로 승화시켰다는 것이 된다.

이렇게 생명만을 추구했기에 생명우선의 관성을 지속시켰고 그것이 초습관화를 통해 관성화함으로 마음이라는 것으로 변형되어, 생명활동을 지속하게 하고 모든 행동에서 삶과 직결되는 것을 우선하도록 기능화, 자율화, 본능화시켰을 것이다. 이러한 우선적 관성의 선택은 현대를 사는 보편의 규범보다 생존우선의 이기적 행동을 필연으로 받아들이게 하는 압력으로 작용하고 있는 것이 될 것이다.

여럿이 함께 살아가는 사회라는 속성에서는 이타적이기를 바라는 많은 이들에 의해서 그렇게 하도록 또 다른 압력을 받고 있음을 느끼고 있을 것이다. 이렇게 나만을 위한 이기적 충동도 마음에서 생기는 강요 같은 것일 수 있고, '함께'를 위한 모두의 이기로 포장된 이타를 선택하도록 다수의 이기가 압력을 가하면, 인문이라는 가치와 인격이라는 품격에 의해서 여유로움과 지성이 '번뇌'라는 감옥으로 가두어 버리는 고통을 맞을 수 있을 것이다.

지성에 의한 가치라든가 삶에 유익한 편익을 우선해서 생명우선을 선택하도록 억압하는 것이 살기 위한 행동으로 발현되는 시원의 본능적 관성일 수 있다. 인격기 함께 라는 개념에서는 최소한 '나만'을 보다는 '나+α'라는 함께를 유도할 수 있는 선택이 되기를 바라지만, 언제나 그러한 가치보다는 편익을 선택했고 또 편익보다는 생존을 선택한 맹목적 행동이 결국 나를 우리를 있게 한 것이라는 회귀적 함정이 되고 있을 것이다.

불을 얻고 쫓김에서 쫓음으로 바뀌면서 시간을 창조할 수 있어지면서, 그 시간은 신의 소관이었던 것을 인격이라는 이름으로 빌려온 것이 될 수도 있을 것이다. 불을 얻고 여유를 얻어 인격이라는 절대적 힘을 얻었다면, 그것은 신이 준 시간에서 얻은 초월적 소중함이 될 수 있을 것이고 그래서 '시간 활용'은 인격의 필수 덕목일 수 있을 것이다. 시간을 얻었다는 것은 여유를 얻어 행복함을 느끼게 되었다는 것이 되고, 시간을 얻었다는 것은 생각할 여유를 얻어 깨우침을 얻었다는 것이 될 수도 있다.

이렇게 인격과 행복함과 깨우침의 지성을 얻었다면 시간의 여유로움과 지성의 고려가, 나만을 위하는 원초적 압력과 관성을 제어할 수 있어지는 것이 합리적일 수 있을 것으로 본다. 그러나 압력과 관성은 살기 위한 행동으로 형성되어 그것을 추구하도록 유도하고 있는 것으로 볼 수 있어 영원회귀를 가능하게 하고 있는 것이다.

선인격기 저항이 불가능할 때 생긴 타율에 의한 나만의 이기가, 인격기 모두 함께 저항할 수 있어진 시점에서도 지속되어 관성화 강도와 중복빈도를 높이고 있는 것도 결국은 살기 위한 행동일 수밖에 없을 것이다.

이기적 행동의 선택은 시원기 동물일 때 형성된 습관화임을 고려할 때, 인격 인문기인 현대적 환경에서도 지속 발현되는 것은 시대적 환경의 입지와 변화를 생각할 고려의 부족일 수도 있을 것이다.

시원기에는 단지 생명만 존속할 수 있기를 바라는 행동으로 초습관화, 관성화되었지만, 인격기부터는 생명이 아니고 생존을 넘어 끝없는 풍요로움을 요구하는 탐욕을 추구하는데 시원의 생명관성이 오용되고 있는 것은 아닐까 하는 것이다.

살기 위한 행동으로 형성된 시원의 관성은 단지 그날 먹고 살아남을 수 있는 '삶'만을 추구했는데, 수많은 생명체가 먹고 살아남을 풍요를 일부의 생명체가 탐진하는 욕구로 작용한다면 그것은 '신이 빌려준 시간'을 악용하는 것일 수 있을 것이다.

2) 형성 환경

:: 사람들이 살아가는 일반적인 행동유형들이 오랫동안 습관화되어 초습관화된 관성의 작용으로 발현될 수 있다고 설명했고, 그러한 관성을 발현시키는 구조적 과정을 초습관의 세

습압력에 의해 강요되어 질 수 있다고 추론했다.

그렇다면 그러한 초습관이 형성되었을 것이기 때문이고 그러한 초습관이 실현될 수 있도록 오랜 시간 습관화가 세습되어 압력화할 수 있도록 쌓였다는 것이 될 수 있다. 그러한 행동이 습관화하도록 어떤 환경적 제약도 있었을 것으로 볼 수 있고, 왜 그렇게 행동할 수밖에 없었는지도 그때의 환경과 관계될 수 있는 것이어서 그것을 알아가는 것이, 초습관화에 의한 관성의 형성과 그로 인해 작용하는 압력 같은 것이 마음으로 표출되고 충동되어 발현하는 것으로 볼 수 있는 것이 된다.

사람이라는 형상을 한 동물의 행동양태를 제어하고 통제할 수 있는 환경적 바탕은 어떤 것이 있을까? 고려해보는 것이 좋은 참조가 될 것으로 볼 수 있다. 사람의 형상을 한 동물의 시기를 처음 시작된 시점으로 보아 시원기라고 하여, 그 시대적 환경을 '시원환경'으로 분류할 수 있을 것이다. 그리고 스스로 사람이라고 존칭을 붙여 자존한 시기부터를 '초세환경'이라 할 수 있다.

그것은 수많은 세대를 초월하여 형성된 습관화의 시기였기에 그 시간의 길이를 특정할 수 없어 세대와 세기를 초월했다고 해서 '초세환경'이라 한 것이다. 이렇게 두 시기의 구분은 동물적 본능이 형성된 시기를 시원환경이라 할 수 있으며, 사람으로서 인격적 행동유형이 형성된 시기를 초세환경이라 할 수 있고, 이 시기부터를 인격이 부여되었다고 해서 인격기로 분류할 수 있을 것이다. 이 두 시기는 오래된 시간의 기간으로 불을 얻기 전 피포식의 동물 환경을 시원환경으로 보는 선인격기가 될 것이고, 불을 얻어 최고 포식자가 된 절대 자만의 동물 환경을 초세환경이라 하여 그것을 인격기로 보는 '스스로 사람이라 존대'한 시기로 보는 것이다.

　그렇다면 두 배경적 환경이 너무도 다를 수 있어 행동형식의 습관화, 초습관화의 형상도 현격한 차이가 있을 것으로 본다. 그 두 환경의 차이가 '선인격'과 '인격'으로 분류했듯이 사람이 아닌 시기와 사람으로 인정받은 시기로 차별화되는 것을 알 수 있을 것이다.

　동일한 생명체의 '선행세대'인 선인격기의 환경은 맹수에게 쫓기는 피포식자로서의 환경을 뜻하고, '후행세대'인 인격기의 환경은 맹수를 제압할 수 있는 쫓음의 포식자로서의 환경으로 대표되는 다름이 있기 때문에, 서로 상충되는 반대의 행동형식이 습관화되어 관성화를 이룬 본질적 차이가 있기 때문이다.

　이러한 극과 극의 생활상을 삶의 바탕으로 행동화 습관화한 동물이 같은 생명체라고 이해하는 것이, 지구상 자연에서 볼 수 있는 비슷한 사례나 유형이 없기 때문에 보편적 인정이 불가능할 수 있어 많은 혼란을 줄 수밖에 없을 것으로 본다. 그래서 진화론이 이해되기 이전에는 선인격기를 유인원 정도의 동물로 볼 수 있고, 인격기를 사람이라는 생명체가 하늘에서 떨어졌거나 창조되었다고 봄으로써 사람으로서 본성적 '인격성'과 동물로서의 본능적 '동물성'으로 구분하여, 본능적 행동유형을 '동물성'으로 보고 본성적 행동유형을 '인격성'으로 보려는 철학적 고찰이 일반적 지성으로 받아들여지고 이해되고 있는 것으로 본다.

　그러한 바탕적 배경 때문에 본능적 행동유형을 동물의 것으로 보고, 본성적 행동유형을 사람의 것으로 보려는 한계를 설정하는 철학적 사고를 받아들여 일반화될 수 있었다. 그것은 사람은 '본성'을 바탕으로 생각하고 행동하는 이상적 존재로 보고, 동물들은 '본능'을 바탕으로 생각 없이 행동하는 하찮은 존재로 보려는 시각을 고착화시켰을 수 있을 것이다.

그렇게 되면 사람은 본능적 행동을 할 수 없는 것으로 규정되어 버리고, 이성에 기반한 본성적 인성으로 무장되어야 하는 의무 같은 것이 생겨버린 것이 될 수 있다. 그리고 동물은 본능적 행동만을 할 수 있는 생명체여서 아무렇게나 대접해도 무방한 생명체로 전락시킴으로, 동물들이 새끼를 키워내는 모성의 숭고함도 하잘것없는 것으로 무시하려 했을 수 있는 것이 된다.

그래서 사람의 본능적 행동을 보고 날짐승이나 길짐승만도 못하다고 비하했을 수 있는 바탕을 제공했다고 볼 수 있다. 동물들이 새끼를 키워내는 모성 사랑은 사람과 다름없기 때문에 이러한 모성애를 사람들이 이해할 수 없는 것이 되어, 사람이 동물보다 못한 본능적 아귀다툼을 하거나 못된 짓을 할 때 미쳤다거나 악귀가 씌었다고 했을 것이 된다.

3) 발현 환경

:: 어떤 행동유형들이 습관화되어 초습관화되고 관성화되었다면 상당히 오랜 시간을 지났다는 것이 되고, 그러한 초습관의 관성에 의해 늘 하던 행동유형으로 중복빈도가 높은 것

이 무의식적으로 실현되게 하는 것이, 마음의 형성과 발현의 구조적 과정으로 설명했다. 그렇다면 형성 시기와 발현 시기에는 많은 시간적 간격도 있겠지만, 생활환경도 많이 변했을 수 있을 것이다.

만일 후기의 생활환경이 전기의 생활환경보다 심각하게 나빠졌다면 그때까지 형성된 관성적 행동으로는 적응할 수 없을 수도 있을 것으로 볼 수 있다. 후기의 환경이 전기의 환경보다 좋아졌다면 무한의 번성과 풍요로움의 여유로 진화속도가 빨라졌을 수 있을 것이다. 그리고 나빠졌다면 먹이 조건도 어려워져 체구가 왜소해질 수 있었고 그러한 것은 다른 종들과의 경쟁에서 불리하게 작용하여, 번성과는 반대로 위축되다 못해 도태과정으로 변모했을 수 있고 결국은 멸종으로도 갈 수 있었을 것이다.

그런데 충분히 다른 종과 경쟁할 만큼 진화될 때까지는 좋은 환경이 지속되다가 어떤 이유로 외부환경이 나빠지기 시작했다면, 무한 번성으로 충분한 경쟁이 가능한 여건들이 그들의 삶을 어떻게 변화시켰을까 하는 것이다. 무한 번성의 자만과 용기가 나빠진 환경을 돌파하려고 모든 능력을 동원하여 획기적인 삶의 형식을 변화시켰을 수도 있지만, 그렇지 못했을 경우는 경쟁에서 밀려나 자연도태 과정으로 진입했을 것이다.

그렇다면 그들의 능력에 의해 창조적 생활방식의 변화로 그러한 환경을 극복해서 오히려 살기 좋은 환경이 될 수 있다면, 극상의 포식자로 발전할 수 있는 기회가 되었을 것이다. 이렇게 불리한 환경을 유리한 환경으로 스스로 바꿀 수 있는 능력이 생겼다면, 전기 생활환경과 후기의 생활환경은 많은 차이가 생겼을 수밖에 없을 것이 된다. 이러한 생활환경 변화가 피포식자의 환경에서 포식자의 환경으로 창조적 진화를 했다고 볼 수 있을 것이다.

그렇다면 종전의 환경에서 형성된 초습관의 관성이 새로운 환경의 생활습관과 같을 수는 없을 것이고, 변화된 환경에 맞게 처신하고 행동했을 때만 새로운 번성과 진화가 가능했을 것으로 볼 수 있다. 만일 변화된 환경에서도 종전의 습관화된 관성이 계속 나타난다면 그들의 삶은 여러 가지 갈등이 생겼을 것이고, 그러한 모순됨을 개선하려고 새로운 행동형식을 설정하여 준 강제적으로 변화를 유도하는 것이, 그들의 삶을 윤택하게 하고 발전할 수 있게 했을 것이 된다.

종전의 환경에서 형성된 초습관의 관성이 피포식자였다면 새로운 환경에서 포식자로 변경되었다는 것이 되는데, 계속 피포식의 행동형식이 반복될 수 있다면 그러한 무리와 변회된 환경에 석응한 무리와는 어떤 차별적 변화가 생겼을까 하는 것이다. 그리고 종전의 습관이 지속적으로 발현된다면 그러한 개체와 변화된 행동에 적응한 개체와는, 그 사회적 조화와 관심의 대상으로 어느 것이 합리적이라고 다른 이들이 평가했을까 하는 것이다.

새로운 행동유형에 적응하도록 하기 위해 규범 같은 것을 만들었다면, 종전의 습관화된 관성에 의한 행동유형은 규범 위반 소지가 있어 다른 이들의 비판의 대상이 되고 따돌림의 빌미를 주었을 수 있고, 그렇게 되면 그들은 사회 부적응자로 인식되어 서로의 삶에 많은 불편을 주었을 수 있었을 것이다.

세상이 바뀌었다면 변화된 행동형식에 맞게 삶을 유지해야 하는데 아무 생각 없이 그냥 행동할 경우, 종전의 관성적 행동유형이 나타날 수 있어 여러 가지 사회적 갈등을 만들었다면 왜 그러했을까를 살펴보는 여유와 아량이 필요할 것이다. 종전의 생활습관 같은 것이 무의식적으로 나타났다는 것은 관성의 압력을 극복할 의지나 자아가 형성되지 않았을 수도 있을 것이다. 아무 생각 없이 그냥 해서 그렇게 되었다면 평소에 생각과 여유가 필요할 수 있다는 것이 될 것이다.

새로운 변화는 서로 간의 약속 같은 것일 수도 있는데 긴급한 상황이 아니라면, 그러한 약속이 무엇이었는지 가끔씩 생각해보는 여유와 그렇게 하려는 의지가 인격이라는 품격일 수도 있다는 것이다. 또 다른 한계로는 약속과 규범을 이해할 수 없어서 그렇게 했을 수도 있을 것이다.

그것은 규범을 이해할 수 없는 배움의 부족 즉 문자를 배우지 못함으로 생긴 것일 수도 있을 것이다. 그렇다면 어떻게 해야 할까?

4) 시점과 시간의 고려

:: 우리가 어떤 현상을 설명할 때 시점이라고 하면 그 시간의 순간적 찰나를 뜻할 수 있을 것이다. 그리고 시간이라 하면 어떤 시점과 시점 사이의 상당한 시간적 길이를 뜻할 수 있다고 본다. 그리고 시점과 시간을 고려하라는 것은 순간과 시간 사이의 다름을 인식하고 무엇이 다른지를 구별해보라는 뜻이 될 수도 있을 것이다.

그렇게 보면 시점도 시간도 지나간 어떤 현상의 기억 같은 것이 될 수 있어, 그러한 기억을 하지 않거나 되짚어보려 하지 않을 경우는 시점도 시간도 아무런 의미가 없는 것이 될 수도 있을 것이다. 그렇다면 시점과 시간을 고려하라는 것은 그 순간의 기억도 할 필요가 있고 시점과 시점 사이의 시간적 관계도 기억하는 것이, 삶의 과정에서 참고가 될 수 있는 것들이 있을 수 있다는 의미를 포함하고 있는 것이 될 수 있을 것이다.

우리가 시점이라고 하면 순간의 스냅(snap)사진 같은 것이 될 수도 있을 것이고, 시간이라고 하면 시점과 시점 사이의 모든 순간적 영상의 결합체를 볼 수 있어, 흔히 말하는 동영상이나 파노라마 사진 같은 것을 뜻할 수 있을 것으로 본다. 그렇다면 시점과 시간 사이의 문제는 순간 영상을 보는 것과 순간과 순간을 연속한 시간적 흐름의 영상으로 볼 수 있는 것과는 어떤 차이가 있는 것일까?

순간적 찰나의 영상은 그러한 현상이 있었다는 것을 뜻하는 것이 될 것이고, 시간적 흐름의 영상이 있다는 것은 각 찰나와 찰나 사이의 순간적 변화를 포함하고 있다는 차이로 받아들여야 할 것이다. '찰나'는 사실만을 말할 수 있지만 '흐름'은 왜 그런 찰나적 사실들이 생겼고, 그것이 어떻게 변화되고 있는지를 살필 수 있는 상황분석이 가능할 수 있다는 것이 차별적 분별로 볼 수 있게 된다.

사실만을 가지고는 어떻게 대응하고 분석해야 할지를 특정할 수 없지만 사실을 연속한 흐름이 있다면, 왜 그런 현상이 생겼고 왜 그렇게 변해갔는지의 여건을 알 수 있어, 어떻게 대응하는 것이 합리적인 것인지를 알 수 있게 하기 때문에 시점적 고려와 시간적 고려는 많은 차이가 있을 수 있음을 살펴야 할 것이 된다.

즉, 시점 대응은 단 그 자리만 피하면 될 수 있는 자료뿐이어서 어떤 쪽으로 피하는 것이 유리할지가 표현되지 않은 상황이고, 사실의 흐름이 연속되어 있다면 피할 수 있는 방법과 함께 피해야 하는 방향도 알아낼 수 있는 다름 때문일 수 있다. 그것은 현상에 대한 대책을 세울 수 있느냐 없느냐의 차이로 볼 수 있어, 그 순간의 위험상황이 생존과 관계될 수 있다면 대책의 선택은 삶에 매우 큰 영향으로 나타날 것이 된다. 생명체가 살아가다 보면 여러 경우의 순간들을 맞을 수 있고 그 순간과 흐름마다의 삶에 유익함이 있을 수 있다면, 순간으로 선택된 편익과 흐름으로 선택된 대응의 유리함이 어느 것이 좋을 것인가의 문제가 될 것이다.

만일 순간대응의 불리함이 가끔 있을 수 있고 흐름대응의 불리함이 그것보다 줄어들 수 있었다면, 시점대응과 시간대응의 차이는 시간 흐름의 길이만큼 지속적으로 누적될 수 있어지고, 시점대응의 무리는 불리함이 쌓여가게 되고 시간대응의 무리는 유리함이 쌓여갈 수 있다면, 어떤 결과를 바라는지는 구분이 가능해질 것으로 본다.

시점대응은 시원환경의 습관으로 생긴 관성으로 볼 수 있고, 시간대응은 초세환경에서 대응해야 할 습관의 관성으로 볼 수도 있다는 것이 된다. 이렇게 현대 환경을 살면서 시원환경의 관성이 반복된다면 지속적 불리함이 누적될 수 있다는 것이고, 현재의 환경으로 변한 것을 고려해서 잠깐의 분석과 검토가 있으면 지속적 불리함을 줄여갈 수 있는 슬기로움이 될 수 있다는 것도 될 것이다.

그러함을 살펴서 현실에서의 상황대응을 생각을 바탕으로 관성적 대응을 제어할 수 있을 때, 새로운 행적이 생기고 그러한 행동유형을 반복할 수 있는 현실에서의 표본이 생기므로, 다음에 비슷한 현상이 생겼을 때 유리한 선택을 가능하게 하는 우성적 행적으로 자리 잡아 갈 수 있을 것이다.

아무런 고려 없이 즉시적으로 대응했을 경우 중복빈도가 높은 시원의 행적이 관성에 의해 발현될 수 있어, 그것을 저지함으로 선천행적을 흔적으로 남게 하여 열성화시켰다는 것도 되는 것이다. 이렇게 시원의 나만을 우선하는 행적들의 발현을 억제하여 흔적화시키고, 생각을 바탕으로 한 시간적 고려의 행적을 지속할 수 있게 하면 새로운 행동유형은 습관화되면서 세습될 수 있어지고, 그렇게 유리한 행동유형이 자기화, 배경화되어 우성화 행적으로 남겨질 수 있어지는 것이 된다.

이것은 선천압력을 흔적으로 열성화를 조장하고 후천행적을 우성화시켜 새로운 관성화로 갈 수 있게 되는 것이 된다.

3

관성의 효과

1) 흔적 복제

:: 어떤 행동유형이 관성화한다는 것은 여러 세대에 걸쳐 많은 사람이 그러한 행동형식을 반복적으로 지속했다는 결과가 될 것이다. 생존에 꼭 필요하고, 또 유리한 결과를 가져올 수 있는 행동형식이면 지속적으로 반복되는 것이 삶에 좋은 결과로 남아 진화와 경쟁에 도움이 되어 살아남을 수 있었다고 볼 수 있다.

어떤 행동이 반복되더라도 필요에 따라 그러한 행동이 필요해지는 경우도 있고 그렇지 않은 경우도 있을 수 있을 것이다. 그렇게 되면 필요해서 지속되는 동안은 익숙해져서 잘할 수 있을 것이지만, 소용성이 없어서 하지 않게 되면 익숙함은 조금씩 사라질 수 있고, 잘할 수 있는 것도 없어질 수 있을 것이다.

이런 행동유형은 지속적 반복으로 세습 따라 하기가 되어 자기화할 수는 없을 것이다. 그러나 또 필요해서 그런 행동유형을 할 수밖에 없어지면, 전에 했던 행동형식을 다시 할 수밖에 없을 것이어서 새로운 행동으로 습관화한다고 봐야 할 것이다. 그렇게 되면 익숙해지고 잘할 수 있어지면 우월해질 수 있어져서 자긍심도 생길 수 있을 것이다. 익숙해져서 자긍심도 생겼다면 그러한 행동을 하는 것이 편안해졌다는 것이 되고, 편안해졌다면 정서화 과정을 거쳐 감성화로 진행된다고 볼 수 있을 것이다.

　이러한 것이 축적되면서 그러한 행동을 지속할 수 있도록 마음으로 작용하게 되는 것이 관성화의 과정으로 볼 수 있다. 어떤 행동을 지속하면 그러한 행동의 결과가 근육에 기억되어 흔적으로 남았을 수 있을 것이다. 그래서 같은 행동을 할 때 익숙함에 의해 잘할 수 있을 깃으로 보는 것이 된다. 이렇게 어떤 행동형식이 반복적으로 꾸준히 하게 되면 그러함의 흔적이 근육에 남게 되고, 근육을 이루는 세포에 그러한 행동형식이 기억되게 될 것이다.

　그래야만 그러한 행동을 했을 때 편안해질 수 있는 것이 될 것이다. 이미 기억되어 익숙해지고 근육에 흔적화되어있다면, 우리의 몸을 형성하는 세포가 일정 시간마다 새로운 세포가 만들어져서 지난 세포가 소멸한다고 하면, 지속적으로 그러한 행동이 익숙 편안해지려면 새로운 세포에 소멸된 세포의 흔적이 남아 기억되어야 할 것이다. 이러한 과정이 반복되면서 늘 하던 행동이 잘할 수 있어지고, 잘할 수 있어지면 익숙해져서 편안해지는 것이 될 것으로 본다.

　이러한 과정을 간추려 정리하면 행동의 흔적이 습관이 되고 습관의 흔적이 근육에 새겨져서, 세포분열과 복제과정에서 흔적으로 복제되어 기억되고 있는 것으로 볼 수 있을 것이다. 이러한 과정은 지속적으로 이루어져서 익숙해질 때만 흔적이 복제되고 기억될 것이다. 그렇지 않고 일정 기간 그러한 행동을 하지 않아서 습관이 사라져버린다면 그러한 행동형식의 흔적도, 새로운 세포 형성분열 시 복제가 될 수 없어서 기억할 수 없게 될 수도 있다는 것이 된다. 이러하듯이 수많은 세대에 걸쳐 그러한 행동이 반복적으로 지속되어, 습관의 흔적이 세포에 기억될 수 있어지는 과정을 관성화로 볼 수 있고, 그러함의 결과로 그러한 습관이 행동으로 이어지는 현상을 관성의 효과로 볼 수 있을 것이다.

이러한 모든 과정에서 근육세포가 복제분열 될 때 그러한 행동을 했던 기능도 복제되어 기억될 수 있어지고, 관성의 가속도 효율이나 익숙함의 쉬움 때문에 무의식적으로 반복될 수 있어지는 과정이 행동으로 실현되어 흔적복제를 가능하게 하는 것으로 보는 것이다.

이렇게 세포의 소멸과 분열 시 행동기능이 복제되어 동일기능을 이행할 수 있도록 되어가는 과정을 '흔적복제'의 초기 형태로 볼 수 있고, 그러한 세포분열 복제가 세습흔적으로 유전 상속될 수 있어지는 현상을 행동기억의 '흔적복제'로 일반화할 수 있을 것이다. 이렇게 행동의 흔적이 뇌와 세포에 축적되어 세포분열 과정에서 복제되는 것을, 행동흔적의 근육복제에 따른 세포기억이 세포의 생성과 분열 시 잔상으로 남게 되고, 그것이 태아세포 형성 시 복제 초기화되어 회귀되는 것으로 볼 수 있을 것이다.

이러한 흔적복제가 거부되면 연어와 거북의 회귀적 행동을 설명할 수 없을 수 있고, 곤충의 탈바꿈에 따른 변화된 행동형식은 학습한 적이 없어서 불가능할 수도 있다는 것이 된다. 이렇게 여러 세대에 걸쳐 관성이 세습되면 압력화 되고 그 압력의 흔적이 주변 상황으로 자극되면, 본래의 현상이 소환되어 관성화된 행동을 발현하게 하는 것을 '흔적복제'의 실현으로 보는 것이다.

그리고 몸이 복제될 때 마음도 모성에서 '흔적복제'되고, 행동기능도 세습복제 될 것으로 보게 되는 것이다.

2) 심리자극

:: 생명체들이 자연현상에서 행동을 학습하여 그러한 행동이 습관화되고 초습관화를 통해 관성화하는 과정은 따라 하기의 자연적 삶에서 시작되었을 것이다.

보편의 움직이는 생명체들은 그들의 부모로부터 살아가는 행동형식을 보고 따라 해서 일상생활이 가능해지면 독립생활을 가능하게 되고, 그러한 과정이 자연적 살기의 표본과 같은 것이다. 그러나 흔적복제와 관성화되었다는 것은 따라 할 수 없는 상태에서의 선조들의 행동유형이 나타나, 생활행동으로 습관화될 수 있는 현상을 말하는 것이 될 수 있을 것이다.

그것은 알을 낳고 죽어버린 연어들의 생활상을 살펴보면 부화되어 바다로 가고, 그리고 다시 태어난 곳으로 돌아올 수 있어지는 과정은 부모를 보고 따라 하기에서 학습된 행동이 아니고, 유전적으로 행동형식이 흔적으로 남아서 실현되는 과정을 흔적복제 또는 관성화로 볼 수 있다는 것이다. 알을 낳고 부모들은 죽어버렸기 때문에 생활상을 배울 수 없으므로 따라 할 수 없는 상태에서의 습관화를 '관성화'라고 하고, 그러한 과정을 가능하게 하는 것이 행동흔적이 복제되어 유전 상속되는 것으로 보는 것을 '흔적복제'라고 일반화할 수 있는 것이 된다.

그러한 현상의 보충설명 같은 것으로 야생동물이 가축화되었다가 사람들이 돌볼 수 없어서 자연에 방치할 경우, 한 번도 야생에서 살아보지 못했고 야생을 학습한 일이 없지만 그들이 자연에 적응해서 야생을 회복하고, 자연환경에 적응해서 살아가는 현상은 흔적복제의 재현으로, 선대의 초월적 습관화가 관성화되어 재현되는 것으로 볼 수 있다는 것이 된다.

이렇게 선대의 흔적 잔상이 그들이 행동했던 현상과 비슷한 상황이 되면, 그때 선조들이 했던 것처럼 비슷한 행동형식이 발현되는 것을 초습관의 재현으로 볼 수 있고, 이러한 것은 어떤 현상을 보고 심리자극을 받아 선대의 흔적행동이 재현되는 현상을 관성의 영향으로 보려는 것이다. 이러한 현상은 상황기억 센서가 작용하여 유사한 현상을 느끼고 자극받았을 때, 초습관의 행적을 소환해서 활성화하는 과정과 같은 것이 될 수 있을 것이다.

이러한 것을 초습관의 압력흔적이 잔상으로 남아있던 것을 세포복제를 통해 흔적복제 되고, 상황감지 센서에 의해 자극 충동되면서 흔적행동이 실현되는 과정으로, 텔로미어(telomere)의 소멸과 시간센서가 연동되어 복제된 흔적을 재현하는 것으로 볼 수 있는 것이 된다. 어린 아이들이 성장과정에서 미운 소아일 때의 행적 재현과 사춘기 소년의 독자행적을 발현시키는 과정도, 시간센서가 작용하여 흔적복제가 재현되는 것으로 볼 수 있게 되는 것이다. 이런 과정의 흔적은 신경작용에 의해 정서적 압력을 자극하여 신경활동이 활성화되는 과정이, 초습관의 재활로 나타나면 복제된 흔적이 심리자극으로 발현되었다고 할 수 있을 것이다.

수많은 세대에 걸쳐 초습관이 세습 관성화된 흔적압축이 심리자극에 의해 풀리면, 압력으로 작용하여 행동하도록 하는 것을 초습관의 소환으로 볼 수 있고, 그러한 현상을 설명하는 흔적현상의 예가 '자라 보고 놀란 가슴 솥뚜껑 보고 놀란다.'라고 하는 현상과 비슷할 수 있을 것이다.

이렇게 심리자극으로 행동이 재현될 수 있는 것은 몸과 마음이 함께 짝지어 움직이는 것으로도 볼 수 있게 될 것이다. 어떤 일이 '힘이 들어 하기 싫다.'라고 하면 그것은 마음에서 나타나는 현상으로 봐야 하는 것인지 또는 몸이 반응하여 나타나는 현상으로 봐야 하는지가 혼란스러울 수 있을 것이다. 이러한 것은 몸과 마음이 하나로 짝지어 움직일 수 있는 것으로 볼 수 있어, 행동의 습관화와 심리적 정서화가 함께 나타나는 구조적 현상으로 볼 수 있게 되는 것이다. 흔적복제라든가 또는 관성화 재현이라는 것은 선대의 행동형식이 어떤 현상에 의해, 트라우마(trauma)처럼 나타나는 심리자극이 있어 일어나는 현상으로 볼 수 있고, 이러한 과정은 과거의 현상이 반복적으로 회귀되는 것으로 볼 수 있을 것이다.

어떤 행적이 익숙해져서 편안해졌다는 것은 행동관성이 심리관성으로 전이되면서 짝지어 나타나는 것으로 볼 수 있고, 어떤 현상에 의해 심리자극을 받으면 심리현상이 행동현상으로 변이되어 짝지어 나타나는 것을 회귀에너지의 발현으로 볼 수 있을 것이다. 회귀에너지는 어떤 행동들이 시차를 두고 순환적으로 반복될 때 나타나는 것으로 볼 수 있어, 지속 반복되는 행동들은 가속도 에너지에 의해 추가에너지 공급 없이 한동안 지속될 수 있는 것과 같이, 중복반복과 중첩반복에 의한 어떤 시차를 두고 일어나는 습관적 행동의 쉬움에 의한 효율에너지로 볼 수 있는 것이 될 수 있을 것이다.

그렇다면 회귀에너지에 의해 원심순환처럼 쉬움과 효율이 추가에너지 공급 없이 움직일 수 있게 하는 에너지원으로 작용할 수 있는 것으로 보면, 부가적 에너지의 활동이 관성화로 볼 수 있고, 흔적복제의 재현으로 볼 수도 있을 것이 된다.

3) 행동지원

:: 어떤 행동들이 습관화하는 과정에서 스스로 하고 싶은 생각이나 마음이 없었는데, 외부환경 또는 타의에 의해 강제적으로 하게 되는 행동형식은 자신의 의사가 반영되지 않았기 때문에 기능적 행위로 고착될 수 있다.

그러나 어떤 행위가 자신의 의사에 의해 스스로 하게 되면 해야 하는 이유도 있지만 해야 하는 목적도 있기 때문에, 그러한 행동유형이 중복되어 나타날 수 있는 것은 그때마다 그렇게 해야 할 필요를 스스로 판단하고 행동하게 되는 것이다. 이렇게 자신의 의사에 의해 목적과 필요를 가지고 하게 되면 그러한 행동은 스스로의 감정에 의해 할 수 있어지는 것이어서, 반복 또는 중복될수록 그러한 정서적 감성이 쌓여가는 과정이 될 수 있을 것으로 본다. 그래서 습관화가 중복되는 과정을 정서화가 진행된다고 하고, 그러한 습관이 세습되어 중첩되면 감성화되고 있다고 할 수 있어지는 것이 된다. 그래서 그러한 행동유형이 많은 세대에 걸쳐 중첩지속 되면 '심성화'한다고 보는 것이다.

이렇게 어떤 행동이 반복 중첩되는 과정에 어떤 의사가 반영되어 다시 하게 되는 과정은, 필요에 의해 순환되는 것처럼 보일 수도 있어지고 계속 같은 행동유형이 습관화되면서 익숙해져서 잘하게 되면, 쉽게 할 수 있어져서 같은 힘을 들여서 해도 더 많은 일을 할 수 있어지는 효율이 생길 것이다. 이렇게 반복회귀 되는 효율에 의해 추기적 에너지 공급 없이 할 수 있는 일의 양을 회귀성 에너지로 보아, 그러한 행동을 반복할 수 있도록 지원하는 결과로 나타나는 것을 회귀에너지에 의한 행동지원으로 볼 수 있는 것이 된다.

그렇다면 오랫동안 습관적 행동을 반복할수록 회귀에너지가 쌓여간다고 볼 수 있어 그러한 행동을 할 수 있는 힘이 축적되었다고 볼 수 있고, 그러함이 압력처럼 쌓여서 지속적으로 압축될 수 있다고도 볼 수 있게 될 것이다. 이러한 에너지가 반복행동을 지원하고 그러한 행동을 할 수 있도록 독려 충동할 수도 있어져서, 습관적 행동이 세습 자기화, 배경화할 수 있도록 지속적으로 자극할 수 있어지는 것이, 초습관화의 관성으로 볼 수 있으며 흔적복제의 재현 에너지로 작용해서, 자신도 모르는 사이에 그러한 행동을 할 수 있도록 무의식적으로 지원하게 되는 것이 될 수 있다.

이렇게 어떤 행동이 습관화되어 압력을 행사할 수 있도록 축적되면 외부영향에 의해 압력을 자극하는 경우, 심리관성이 행동관성을 자극하여 행동하도록 지원하는 것도 압력의 흔적이 재생된 것으로 볼 수 있을 것이다.

반복에 의한 회귀에너지가 압력으로 작용하면 압력의 흔적이 근육세포에 잔상으로 복제되고, 생체시간(telomere)센서 소멸에 따른 시간센서가 작동해서 흔적화된 행동을 회귀시킬 수 있어지는 것도 행동지원의 한 형태로 볼 수 있다.

그리고 흔적복제가 모성초기화에 의해 태아복제로 회귀하는 것을 세습회귀로 볼 수 있고, 생명관성의 시원속성을 소환하면 영원회귀가 반복되는 것으로 볼 수 있어 이러한 과정도 회귀에너지에 의한 행동지원으로 볼 수 있을 것이다.

이렇게 습관화의 효율이 에너지화되면 관성으로 작용하게 되고, 그렇게 되면 몸을 움직여 행동하도록 지원되는 것이 된다.

습관화가 세습되어 중첩되는 현상을 수직화시키면 압력으로 작용하는 중력적 현상이 될 수도 있을 것이고, 수평화되면 에너지의 흐름으로 작용하게 될 수 있어 수직 적체되는 과정은 압력으로 작용하여 흔적을 남기게 될 것으로 보고, 수평으로 움직여서 행동으로 나타나는 현상을 관성화 또는 초습관의 재현으로 볼 수 있을 것이다.

이렇게 습관화된 중복행동들이 회귀에너지로 작용하여 압력으로 느껴지면 마음이고, 자극되어 행동화하면 관성으로 볼 수 있게 될 것이다. 그리고 행동의 지속은 운동신경과 근육을 반복적으로 강화하게 되고, 행동을 정지하면 회귀에너지의 소멸로 관성적 행동들도 도태 소멸될 것이다.

이것은 행동으로 실현하면 그러한 현상이 계속 강화되고, 제어하여 통제되면 압력과 에너지가 지속적으로 감소되어 압력과 관성을 실현할 수 없어져서, 그러한 행동유형이 도태·소멸할 수 있다는 것이 된다. 일반적 습관화는 당대에는 근육화하고 후대에는 감성화할 수 있을 것이지만, 모성 행적의 반복은 흔적복제 되어 일반인들의 모성흔적으로 작용할 것이어서, 모성 사랑과 모성 행복이 보편의 인류애 같은 것으로 배경화될 수 있을 것이어서, 사람들이 선할 수 있는 '성선설'의 바탕적 배경이 될 수 있을 것이다.

4) 독려 충동

:: 사람들의 행동들이 독려 충동되어 나타날 수 있는 행동유형들은 습관화 강도가 높고, 행적의 빈도횟수가 많은 행동형식이 우선적으로 재현될 가능성이 클 것으로 본다. 이렇게 빈도 압력이 높은 행동유형들은 인격기 행동형식보다 선인격기 행동유형들이 반복될 가능성이 클 수밖에 없고, 그러한 행동들은 이기적 행동형식으로 나타날 수 있어 인격기를 살아가는 현실에서 상당한 부담으로 작용할 수 있을 것이다. 어떤 행동형식들이 충동되고 독려되어 실현될 수 있는 것은 본능적 행동유형일 수가 많을 것으로 보아, 사람

으로 분류되어 규범을 따라야 하는 현재의 상황에는 맞지 않을 수 있는 것이다.

이렇게 동물적 본능에 의한 행동유형과 사람으로서의 인격이 부여된 행동형식은 달라야 하고, 그래서 동물과의 차별화를 위해서 최소한의 이타적 행동을 하도록 하는 과정이 도덕과 규범을 지켜야 하는 것이 될 수 있을 것이다.

그렇다면 결국 사회적 도덕이나 생활규범 같은 것은 강제성에 의해 규격화된 행동들일 수 있는 것을 보편화시키려고 하는 사회적 압력으로 볼 수 있을 것이다. 이러한 현상은 '소코뚜레'처럼 속박하는 굴레로 작용할 수 있어, 강제화 정도가 높다고 판단되면 생존을 침해할 수 있다고 우려해서 거부하거나 저항할 수 있어질 것이다. 그렇게 되면 이타적 행적보다는 이기적 행동이 선택될 수 있도록 독려되고 충동될 수 있게 될 것이고, 그러함의 결과로 후회할 일이 생길 수도 있어질 것이다.

습관화의 관성에 의해 자동적으로 실현될 수 있는 행동들이 독려 충동되면 그러한 행동유형들이 유사 중독처럼 반복될 수 있어지고, 그것은 후천 행적의 우성화에 의해 더욱 자극을 강화할 수 있어질 것으로 본다. 이렇게 초습관의 압력에 의해 본능적 행동이 지속 확대되는 것은, 원초적 관성에 의해 중복강도만큼 충동되고 독려되는 상황이 강화될 수 있을 것이다. 이러한 과정들이 행적빈도의 압력으로 자극되어 흔적화하고, 그 흔적강도가 충동에너지로 작용하는 현상이 회귀에너지에 의해 실현되는 것을 관성의 발현으로 볼 수 있을 것이다. 그리고 이러한 압력들이 작용하여 중첩되면 무의식적으로 복제되어 자기화 배경화하는 흔적복제가 실현되어, 동체화 초기화되어 시원관성이 독려될 우려가 커진다고 보는 것이다.

아무 관심 없이 행동하면 흔적복제 되어 잠재되어있는 시원관성의 본능적 행동형식이 자극되고, 오랜 시간 축적된 회귀에너지가 압축이 풀리면서 지속적으로 압력을 공급할 수 있도록 실현되는 행적의 우성화를 지원하게 될 것이다. 이러한 관성의 힘이 계속 강화되고 늘어나는 과정은 잠재화되어있거나 무의식화되어있던 빈도강도가 중첩 세대 수만큼의 압력으로 작용하던 것을, 자극하여 충동되면 중첩강도의 2승으로 확대 재생산되고, 실현되면 우성화에 의해 중첩강도의 3승으로 계속 압력의 쏠림현상이 강화될 수 있는 것이, 압축에 의한 잠재된 에너지의 작용으로 볼 수 있을 것이다. 그래서 어떤 원인에 의해 충동되면, 지성에 의한 제어와 인문에 의한 고려가 잠재에너지의 증폭에 의해 상실되기 때문에, 합리적 행적으로 통제하기 위한 수단이 훈련과 수련 같은 수행이 필요해지는 것이다.

지성적 제어와 인문적 고려가 상실될 경우 후회하는 일이 생길 수밖에 없을 것이고, 그러한 기회가 성직자에게 주어졌을 경우 심각한 문제로 비화할 수 있어, 승려와 사제들이 오랜 기간의 고행을 스스로 받아들이는 수행·정진을 하게 되는 것으로 볼 수 있다. 또 어떤 행동을 후회한다는 것은 사회가 바탕으로 전제된다는 것으로, 혼자 있다면 행동에 의한 후회는 소용이 없는 것이 될 것이어서 타인들과의 소통불가에서 오는 후회도 있을 것으로 본다.

개인과 사회나 타인 간의 소통의 문제가 생긴다는 것은 자신의 세습 인식으로 습관화된 행동의 바탕이 안정되지 않아서 오는 현상도 있을 것이다. 그것은 좋은 것이 옳은 것이고 싫은 것이 그릇된 것으로 세습 인식이 초기화, 배경화 되어버리면, 옳은 것이 좋은 것이고 그릇된 것이 싫은 것으로 인식되고 있는 사람들과 소통에서 본질적 문제가 발생할 수도 있기 때문이다. 이러한 것을 순화 교정하는 역할이 고행을 자초하는 수행을 스스로 받아들이므로 옳고 그름과 좋고 싫음의 본질을 새로 정립하고, 원천강요에 속하는 1, 2차 강요를 어떻게 조화시킬 것인가를 스스로의 의지로 정립하게 되는 과정으로 볼 수 있을 것이다.

그리고 충동되는 압력의 이해도 향상을 위해 관성을 빈도압력으로 대체하여 수치화하면 강요의 압력이 느낌으로 다가올 수 있게 될 것으로 보는 것이다.

4

관성의 제어

1) 본질 이해

:: 사람들이 살아가면서 많은 행적을 남길 수밖에 없고, 그러한 것들이 문화나 문명이라는 이름으로 우리의 지난 길을 돌아보게 할 것이다. 그러한 선사적 흔적이라든가 아니면 역사적 사례들은 현재를 사는 사람들에게 많은 것을 생각할 수 있는 기회를 제공하고, 그러한 살핌을 바탕으로 변화와 발전을 하면서 오늘에 이르렀고 앞으로 가게 하는 것으로 볼 수 있다.

이렇게 지나간 과거의 흔적들이 없다면 인류라는 정의가 가능할 수 있을까? 또는 문화라는 것으로 형상이 없는 것을 영상화하고, 그러한 영상이 실체화되어 지나간 자취들이 문명이라는 이름으로 지표면을 변화시킬 수 있을까 생각하게 된다.

지표의 현상은 불과 만여 년 전후까지만 해도 자연의 힘으로만 변화가 가능했던 것을 모든 생명체가 생각했을 수 있다. 그런데 인류라는 움직이는 생명체에 의해서 너무도 많은 변화가 생겼고 또한 그러함 때문에 절대의 능력으로 오만해졌는지도 모른다. 그러나 이렇게 문명의 흔적들도 지나간 선조들의 진화과정이 없었다면 불가능한 것으로 볼 수 있을 것이다. 그리고 이러한 발전과 변화를 이끌어가고 있는 것은 그들의 지나간 삶의 경과가 축적되어 오늘로 현상화하고 있는 것으로 볼 수 있고 또한 그들도 그들의 지나간 오랜 과거의 행적들이 쌓여 오늘의 형상과 정신적 심리체계가 형성되었다고 봐야 할 것이다. 그렇다면 그들을 그렇게 만들어 놓은 본질적 에너지원은 무엇일까? 그리고 무엇이 그들을 그렇게 하도록 만들고 또 그렇게 할 수밖에 없도록 유도하거나 압력을 가하지는 않았는지를 생각해 볼 수 있는 기회를 가져보면 그들이 이룬 문화에 흠집을 내게 되는 것일까?

　사람들이 오랜 시간에 걸쳐 살아남기 위한 노력의 흔적으로 문화나 문명을 남겼다면, 그것을 이끌어온 동기적 에너지원도 그것과 비슷한 모양으로 변화되거나 발전해왔을 것은 아닐까 하고 살펴보면 어떨까 하는 것이다. 그들을 그렇게 행동하도록 하여 오늘의 모양으로 살아가게 하는 원인적 동력은, 그들을 움직이게 하는 그리고 살아있게 하는 그들의 정신세계로 보편 분류되는 마음의 충동과 그 마음이 충동되어 움직이게 되는 행동의 실적들이 쌓여, 그들을 형성하고 만들어가는 것은 아닐까 하는 것이다. 결국, 그들의 문화나 문명도 그들의 행적이 쌓여 이루어진 외형적 흔적으로 볼 수 있다면, 그러한 변화를 가져오게 하는 그들의 내면적 흐름은 어떻게 쌓여 오면서 어떻게 변화되고 있고,

그것이 오늘의 그들에게 어떤 영향을 끼치고 있는 것은 아닐까 하는 것도 관심의 대상이 될 수밖에 없을 것으로 본다.

인류라는 움직이는 물체인 동물을 지배하고 행동하게 하는 원천이 그들을 그렇게 만들어 갔을 것으로 본다면, 그들이 지금까지 움직여온 흔적들이 그들이 살려고 애쓴 정신세계이고 마음의 본질일 수 있을 것이다. 이것은 그들의 정신세계는 볼 수 없는 형이상학의 무형의 세상이어서 그것을 본다는 것은 불가능한 일이므로, 그들의 생각과 정신을 움직이게 하는 마음을 알아가기 위해서 지나온 흔적을 역 추적해보면, 형상이 없는 무형의 그들 마음의 흐름과 생각과 정신을 알 수 있어질 것으로 볼 수 있을 것이다.

현실에서는 마음이라는 형상을 알아볼 수 없으니까 지나온 흔적으로 그것이 어떻게 생겼을 것으로 유추해보자는 것이다. 그래서 그들의 마음이라는 것이 그들의 행동으로 그것을 표현했다고 보기 때문에, 그들의 마음은 형상이 없지만 그들의 행동으로 남겨진 흔적은, 그것이 그들의 마음에서 흘러나온 하나의 흐름으로 볼 수 있다는 것이 된다. 그것은 그들의 마음이 시켜서 생긴 흐름으로 쌓여 온 외형적 모양을 그들의 행적이라고 한다면, 그들의 행동흔적이 그들의 마음의 원천이고 그것이 그들의 마음으로 쌓여가는 흔적이라고 볼 수 있다는 것이다.

그것이 '행적이 마음이 되었다'는 진화과정의 흔적으로 인류의 문화와 문명이 그들을 알 수 있는 고고학적 기초가 되었듯이, 그들의 행적이 그들 마음의 바탕이 될 수밖에 없다는 것이다. 그렇게 본다면 그들의 행적을 추적해보면 그들의 생각과 마음을 알 수 있을 것이 되고, 그들이 왜 그런 행동을 했을까는 그때의 환경을 생각해보면 그들의 행적을 알 수 있고, 그렇게 되면 현재를 살고 있는 그들의 마음 바닥에 무엇이 흐르고 있는지를 가늠해볼 수 있을 것으로 보는 것이다.

사람들이 살아가면서 어떤 행동의 결과 때문에 불편해질 수 있어 후회하는 일이 생길 수 있다면, 그것은 그들을 움직이게 하는 마음의 현상으로 볼 수 있고 그 마음이 지나온 오랜 과거 선조들의 행적에서 영향을 받을 수 있다는 것이다.

그것은 문명과 문화가 그들 선조의 행적이 흘러온 결과들에 의해 이루어지고 있는 과정으로 보아야 할 것이기 때문에, 현재 그들이 그렇게 행동할 수 있도록 또는 그렇게 행동할 수밖에 없도록 하는 지나온 과거의 행적 흐름이 쌓여서 나타나는 현상으로 볼 수 있다는 것이다.

그렇다면 그렇게 행동할 수밖에 없는 흐름을 선조들의 축적된 행적의 결과로서 보이는 것일 수 있다는 것이다. 이것이 그들의 마음이 흘러온 현상의 흔적들일 수 있을 것이다.

2) 충동제어

:: 지나간 많은 시간이 쌓여 오늘이 되었듯이 지나간 많은 선조의 행적이 쌓여 오늘의 우리가 행동하게 되는 것에 영향을 주었다고 생각하는 것이다.

그렇게 본다면 지난 많은 시간 중에 가장 많은 행동에 영향을 준 시간의 기간은 언제일까 생각해볼 수 있을 것이다. 우리가 흔히 원시시대라고 하는 계측할 수 없는 오랜 기간 동안을 어떤 행적들로 시간을 채우고, 조금씩 발전해가는 진화라는 흔적을 남겼을까 하는 것이 관심의 대상이 될 수도 있을 것이다. 오랜 인류시대의 행적들이 쌓여 오늘의 우리로 만들어져 왔다면 그러한 행동을 한 흔적들이, 그러한 행동을 하게 한 마음의 충동에서 유래되었을 것으로 볼 수 있다.

결국, 마음의 충동이 행적의 흔적이고 행동의 흔적이 마음에서 충동된 현상으로 볼 수 있을 것이다. 그렇게 되면 행동의 흔적과 마음의 충동이 순간의 시차를 두고 먼저와 나중으로 분류할 수 있을 것으로 본다. 결국, 순간의 시차만 다를 뿐 마음의 충동과 행동의 흔적은 거의 같은 시간대에 일어난 마음에서 유래된 행적으로 볼 수 있을 것이고, 그것은 행적이 마음의 바탕을 표현하고 있는 것으로 볼 수 있을 것이 된다. 그러면 마음과 행적은 하나로 연결되는 흔적의 과정으로 볼 수 있어 행적이 쌓여 마음이 되었고, 마음이 움직여 행적을 남겼다고 볼 수 있게 되는 것이다.

지나간 시간들의 가장 긴 시간적 기간은 구석기시대라고 하는 원시시대로 볼 수 있을 것이고, 그때는 사람이라는 생명종의 시원이 되는 시간적 기간으로 보아 시원기라 했고, 그 시간 동안에 형성된 행동의 흔적들이 시원초 습관화 행적으로 볼 수 있는 것이다. 가장 많은 시간 동안 가장 많은 행동유형으로 행적을 남긴 것 들은 살기 위한 행동으로 쌓인 즉시적, 본능적 그리고 이기적인 행동형식일 수 있고, 그것이 마음의 충동으로 이루어진 행동흔적이 될 것으로 본다.

이 시기가 피포식자의 시기였다고 보면 우리가 지금 알고 있는 규범이나 도덕 같은 것은 없었던 기간으로, 인륜적 가치는 생각할 수 없는 동물적 본능이 생명을 보전하려고 극한의 이기심이 행동을 충동했을 것으로 볼 수 있을 것이다.

가장 긴 시간 동안의 원시 구석기시대를 생명보전을 위해 이기적 행동으로 채워져 왔다면, 그렇게 행동하도록 마음이 충동시켰다고 볼 수 있는 것이 된다. 이타적 행동이 필요한 기간은 불을 얻고 포식자로 위상이 변경된 후부터라고 볼 수 있고, 그러한 행동을 한 시간의 길이와 행동의 반복횟수 빈도가 이기적 행동을 한 시간의 길이와 빈도보다 매우 짧은 것을 인정할 수 있다면, 가장 쉽게 나타날 수 있는 행동형식은 어떤 것일까 살펴볼 수 있을 것이다. 만일 이타적 행동을 할 수 있어진 시간적 길이가 이기적 행동을 한 시간의 수십 분의 일밖에 될 수 없는 것이라면, 어떤 행동유형이 가장 쉽게 훈련된 것처럼 나타날 수 있을까 하는 것이다.

그것은 이기적 행동은 나에게 도움이 될 수도 있지만 현재를 살아가는데도 많은 경우 필요할 수밖에 없을 것이기 때문에, 아무 생각 없이 충동되면 이타적 종교적 또는 철학적 행동형식보다는, 이기적이고 동물적인 본능적 행동형식이 나타날 수밖에 없는 것이 행적과 마음의 충동과의 상관관계일 수 있을 것이다. 결국, 이렇게 충동되는 원시시대의 시원적 행적들은 제어하여 통제할 수 없으면, 사회를 구성하고 서로를 의지하며 함께해야 하는 사회적 동물로서의 인류가 바라는 도덕적 행동은 어려울 수 있다고 봐야 한다.

이러한 본질적 바탕을 알 수 있어지고 충동적 행동을 제어하여 보다 합리적 삶을 유지하려고 하면 시원의 행동관성을 제어하려는 지성의 지원이 필요해질 것이고, 그것을 인문기 의무교육이 상당 부분을 가능하게 할 수 있을 것으로 본다. 우선은 충동되는 본능적 행동유형이 주로 이기적 형식일 수 있다는 것을 알아가는 것이 교육의 역할일 수 있다는 것이 되고, 이렇게 충동되게 하는 것이 지나간 오랜 기간의 행적이 쌓여 그것이 충동하도록 압력을 행사하는 것으로 마음의 작용을 살펴가는 지혜가 필요해질 것이다.

마음의 충동은 과거 가장 많은 행적으로 쌓인 행동흔적이 나타날 수 있다는 것을 알 수 있어지면, 마음을 제어하는 데 도움이 될 수 있을 것으로 보기 때문에 행동하기 전에 약간의 여유와 생각을 해보는 아량을 나에게 베풀어 보면 어떨까 하는 것이다.

후회하는 일은 충동에서 기인하는 경우가 많다는 것을 살폈으면 하는 것이다.

3) 심리인지

:: 사람들이 살아가면서 생존에 관계되는 행동형식은 살아야 하기 때문에 누구나 할 수밖에 없고, 그렇게 하여진 것들이 세대를 초월해서 수많은 세대에 걸쳐 세습되었다고 볼 수 있을 것이다. 이렇게 오랜 세대에 걸쳐 비슷한 행동유형을 반복하게 되면 세습행적의 초기화에 의해, 그러한 행동형식이 자신의 바탕으로 배경화될 수 있어져 그것을 왜 하는지도 모르게 계속 이어지게 될 것이다.

이러한 행동형식은 지속적 반복에 의해 습관화되고, 익숙해지면 다른 행동유형들보다 쉽게 그리고 편하게 할 수 있어지는 것을 세습자기화, 적성화되어 간다고 볼 수 있는 것이다. 행동의 습관화는 많은 쉬움이 작용하면서 작은 에너지를 들여 보다 많은 행동을 할 수 있는 것을 쉬움에 따른 효율이라 할 수 있을 것이다.

그렇다면 그러한 행동을 지속화, 반복화할수록 쉬움의 효율이 잉여에너지로 남겨지고, 그것이 계속 쌓여가면서 효율에 의한 잉여에너지가 압력으로 변형되어, 같은 행동형식을 지속할 수 있도록 지원하는 것을 관성이라고 설명할 수 있을 것으로 본다. 그것은 자동차가 일정한 에너지를 소비하면서 움직이고 있는 것을 정지시키기 위해 에너지 공급을 차단하여도, 일정 거리를 더 주행하고 나서야 정지한 것과 같을 수 있을 것이다. 이렇게 에너지 공급이 없이 움직일 수 있는 일 량을 가속관성에 의한 부가적 일 량으로 볼 수 있을 것이다.

행동의 습관화와 익숙함에서 오는 쉬움의 효율을 이러한 관성에 의한 부가적 에너지로 본다면, 지속적으로 반복할 때마다 그러한 부가적 에너지가 쌓여간다고 볼 수 있을 것이고, 그것이 축적되어 압력으로 작용하고 그 압력에 의해 그러한 행동을 하도록 충동하는 것을 관성이라고 할 수 있을 것이다.

사람들의 끝없이 반복되는 행동형식이 관성으로 작용하여 그것을 할 수 있도록 압력화하고, 그 압력이 어떤 충동에 의해 행동화하는 과정을 '마음의 형성과 발현의 과정'으로 볼 수 있다면, 마음을 자극하여 행동하게 하는 충동에너지는 관성에서 유래했다고 볼 수 있는 것이 된다.

그렇다면 마음에 의해 충동되는 행동유형이 현재의 상황에 꼭 합리적 선택이 아닐 수도 있다는 것이 될 수도 있을 것이다. 그렇게 되면 그 행동, 즉 어떤 자극에 의해 충동된 행동을 하는 것이 필요한 것인지를 한 번쯤 살펴보는 것이, 여럿이 함께 사는 사회라는 구조에서는 필요할 것으로 볼 수 있을 것이다.

그러나 충동되면 바로 행동으로 옮겨지는 것이 일반적 반사 현상처럼 나타나는 것을 여러 사례에서 경험할 수 있었을 것이고 그러함 때문에 후회한 적도 있을 수 있을 것이다. 이렇게 충동되어 실수하는 일이 생길 경우 왜 그러했을까를 살펴볼 수 있게 하는 것이 행동관성을 제어하는 본질의 이해일 수 있다.

그리고 충동되어져 버리면 지성적 판단이나 인문적 제어가 상실될 수 있기 때문에, 충동을 제어할 수 있는 이성의 통제가 실수나 후회를 줄여주는 필요조건이 될 수 있다. 이러한 충동은 마음에서 작용하는 행동관성의 재현으로 볼 수 있을 것이고, 그러한 행동 충동이 오래된 행동유형일수록 그 압력의 강도가 높을 것으로 볼 수 있을 것이 된다. 그렇다면 가장 충동의 제어가 어려운 행동형식은 시원기부터 습관화된 행동유형으로 현재까지 지속되는 행동형식일 수 있을 것이다. 그리고 후회하고 실수였다고 돌아봐야 할 행동에서 필요한 행동유형은 어떤 것이었을까 하고 살펴야 할 것이다.

많은 경우 내가 한 행동으로 다른 사람의 편익이 훼손되었다고 보면 그들에 의해 비판될 것으로 볼 수 있다. 이러한 경우 남들의 편익이 침해되었다면 많은 경우 그러한 침해의 편익이 내게 도움이 될 수 있는 것으로 볼 수 있고, 결과적으로 나의 이기심이 실수와 후회의 원인이었을 수 있다는 것이 될 것이다.

그렇다면 어떤 행동을 하기 전에 잠깐의 고려에서 나에게 손실이 있을 수 있는 행동을 선택하면, 남들의 편익을 침해하는 것이 아니고 그들의 편익을 증진하는 것이 되어 찬사를 받을 수도 있을 것으로 본다. 그리고 사람들은 일반적으로 자신에게 불리한 기억은 잊으려 하고 유리한 기억은 유지하려고 하는 경향들이 있기 때문에, 남들에게 끼친 불편함을 잊어버렸을 수 있어 약간의 이타적 행동을 선택하면 그러함의 보상이 될 수도 있기 때문에, 결국은 당연히 해야 할 선택일 수도 있게 되는 것이다.

사람들의 행동형식이 오랜 관성의 압력에 의한 흔적으로 복제되어 발현되는 과정과 체계를 구조화한 형상이 마음으로 나타나는 것일 수 있을 것이다.

4) 자극강화

:: 사람들이 어떤 현상이나 사물을 보고 반응하게 되는 과정을 자극으로 볼 수 있을 것이고, 이렇게 자극되면 어떠어떠한 것으로 하고 싶은 충동이 생길 수 있게 되는 것이다. 이렇게 무엇 또는 어떤 것이 하고 싶다고 하면 그것이 오랜 진화과정의 행적관성에 의한 압력이 작용한 것인지 또는 스스로 그렇게 해야 되겠다고 각성되어 하고 싶어진 것인지를 분별할 필요가 있을 것이다.

그것이 특별한 의도함이 없이 그냥 그렇게 하고 싶었다면 그것은 관성에 의한 충동이 작용했을 수 있을 것이고, 스스로 그렇게 해야겠다는 목적을 가지고 의도된 것이라면 그것은 자신의 깨달음을 바탕으로 각성에서 기인되었다고 할 수 있을 것이다.

이렇게 의도된 경우는 그 일로 인해서 생길 결과를 예측했거나 알고 있을 수 있을 것이나, 관성의 압력에 의한 충동에서 비롯되었다면 결과에 대한 예측은 물론 왜 그렇게 할 수밖에 없었는지를 알 수 없는 경우도 있을 수 있을 것이다.

이러한 결과의 과정 때문에 '내 마음 나도 모른다.'라는 말을 할 수밖에 없어질 수 있고, 왜 그렇게 충동되었는지를 모르는 경우가 있다면 그것은 오랜 진화과정의 관성이 작용했을 수 있을 것이다. 이렇게 관성이 하고 싶어지는 느낌이나 생각에 의해 행동으로 실현될 수 있고, 이러한 과정에서 자극되면 그렇게 하고 싶어지는 충동이 강화될 수 있게 되는 것을, 관성에 의한 압력이 작용한 것으로 볼 수 있을 것이다.

그렇게 어떤 행동을 한번 하게 되면 흔적복제에 의해 잔상으로 남은 행동흔적들이 자극되어 더 쉽게 할 수 있는 충동을 받게 되고, 관성의 압력에 의해 잘할 수 있어지면 좋아하게 될 수 있고 그렇게 관성이 작용되어 가는 것을 초습관에 의한 압력화로 등 밀려가는 것을, '자극되면 강화된다'고 할 수 있는 관성의 본질일 수 있을 것이다.

이렇게 느낌에 의해 심리관성을 자극하면 관성의 압력에 의해 행동하게 되는 행동관성을 자극하여 강화하게 되고, 그렇게 되면 행동자극에 의해 심리자극을 부추기는 상호순환 과정이 습관화에 의한 쉬움과 효율로 볼 수 있어, 더욱 잘할 수 있는 자극으로 강화된다고 볼 수 있을 것이다. 이것이 행적의 빈도압력이 작동하여 작용하는 원리이고 동력일 수 있다.

이렇게 흔적으로 남아있던 관성의 잔상이 자극되어 행동화하면 그것은 행적우성에 의해 현재형으로 실현되어, 계속 그렇게 할 수 있도록 우선 강화되는 현상도 관성의 작용으로 일반화할 수 있을 것이다. 이러한 관성의 압력이 감각으로 감지되고 자극되면 강화되는 과정에서, 압력으로 작용하는 것은 심리관성일 것이고 자극되어 행동으로 활성화되면 그것은 행동관성일 수 있을 것이다.

이러한 과정의 반복과 순환이 관성에 의한 자극의 강화이고 관성을 지속되게 하는 순환의 회귀에너지일 수 있다. 어떤 현상이나 사물을 보고도 자극되지 않고 아무 생각이나 느낌이 없이 통제될 수 있으면, 관성의 압력은 흔적으로만 남을 수 있을 것이다. 이렇게 무념무상에 의해 자극되거나 충동되지 않으면 그것도 후천우성의 현재형 행적으로 볼 수 있어, 자극과 충동을 제어하는 역 기능적 관성이 강화되었다고 할 수 있을 것이다.

흔적복제에 의한 관성의 압력은 그러한 흔적을 행적으로 남긴 세대수만큼의 압력흔적으로만 남아 있을 수 있는 것을, 자극되어 강화되면 그 압력은 중첩 세대수만큼의 단위압력의 2승으로 강화될 수 있고, 그것이 행동으로 실현되어 현재화되면 후천우성 행적우성에 의해 중첩압력의 3승으로 강화되어 제어가 불가능해질 수도 있을 것이 된다.

흔적복제에서 관성의 압력은 자극되지 않으면 선천열성 흔적열성에 의해 그대로 잠재화될 수 있을 것이고, 그것이 '잠재의식'이나 '무의식'으로 작용하는 관성의 잠재의식 또는 무의식복제로 없는 것처럼 침잠

할 수도 있을 것이다.

행적이 축적되어 관성화하는 과정을 '마음의 형성'으로 본다면, 관성의 압력에 의해 행동화하는 것을 '마음의 발현'으로 볼 수 있을 것이다. 이렇게 행동의 흔적이 습관이 되고 습관의 흔적이 근육에 복제되어 자동실현 되는 것을 '습관화'라고 하고, 그것이 세습 태아분열 시 세포복제 되어 반복되는 과정을 '초습관화'라고 할 수 있을 것이다.

이러한 과정이 세습중첩되면 습관화의 익숙 편안함이 행복감을 유도할 수 있는 과정에서 정서화를 지나 감성화로 전이되고, 그것이 관성적 영향으로 심성화, 본성화 하면서 압력으로 작용하는 것이 심리관성일 것이다.

이렇게 관성의 본질과 충동과정 그리고 심리로 자극되는 과정을 알 수 있어지면 마음의 평정을 찾을 수 있을 것으로 보는 것이다.

「끝」

원초적 관성의 노예

펴 낸 날 2022년 1월 5일

지 은 이 석산
펴 낸 이 이기성
편집팀장 이윤숙
기획편집 윤가영, 이지희, 서해주
표지디자인 이윤숙
책임마케팅 강보현, 김성욱
펴 낸 곳 도서출판 생각나눔
출판등록 제 2018-000288호
주   소 서울 잔다리로7안길 22, 태성빌딩 3층
전   화 02-325-5100
팩   스 02-325-5101
홈페이지 www.생각나눔.kr
이 메 일 bookmain@think-book.com

• 책값은 표지 뒷면에 표기되어 있습니다.
　ISBN 979-11-7048-318-2 (03120)